MANUEL

DES

PROPRIÉTAIRES

ET DES

USUFRUITIERS, USAGERS, LOCATAIRES ET FERMIERS

OU

DICTIONNAIRE ENCYCLOPÉDIQUE

DES LOIS DES BATIMENTS ET DES LOIS RURALES DE LA FRANCE

AVEC CE QUI A RAPPORT

à la voirie, aux usines, aux bois et forêts,
aux fleuves, rivières, et étangs, aux mines et carrières, à la
chasse et à la pêche, à la police
municipale, etc.

Accompagné de formules de baux à ferme et à loyer, etc.

OUVRAGE

Au moyen duquel tout propriétaire ou possesseur peut connaître, exercer
et défendre ses droits sans le secours d'un guide étranger

PAR MARC DEFFAUX

JUGE DE PAIX

Auteur de l'*Encyclopédie des huissiers*, etc., etc.

Un fort vol. format anglais, de 712 pages. Prix : 6 fr. pour Paris
et 7 fr. par la poste (*affranchir*).

GUIDE-MANUEL

GÉNÉRAL

DU GARDE CHAMPÊTRE

ET DU MESSIER

OU TRAITÉ RAISONNÉ DE LEURS FONCTIONS

Comprenant notamment un commentaire du Code rural

ainsi que tout ce qui concerne

la police du roulage, la chasse et la pêche

PAR LE MÊME

1 vol. format Charpentier de 396 pag. 3 fr. Par la poste : 3 fr. 50

NOTA. Cet ouvrage est accompagné de plus de 200 formules.

1862

"

GUIDE-MANUEL

DE LA

BONNE COMPAGNIE

DU

BON TON ET DE LA POLITESSE

PAR M. BOITARD,

Auteur du *Jardin des plantes*, etc., etc.

1 vol. petit in-8 nouveau de 438 pages. — Prix : 3 fr. et 3 fr. 50 c. par la poste.

DIVISION DE L'OUVRAGE.

BIBLIOTHÈQUE COMMERCIALE

GUIDE-MANUEL

DE LA

TENUE DES LIVRES

DE COMMERCE

EN PARTIE SIMPLE ET EN PARTIE DOUBLE

PAR

H. LENEVEUX

Professeur à l'Association Philotechnique.

Nouvelle Édition. Prix : 1 fr. 50

PARIS

LIBRAIRIE DE PASSARD, ÉDITEUR

7, RUE DES GRANDS-AUGUSTINS, 7

GUIDE-MANUEL

DE LA

TENUE DES LIVRES

DE COMMERCE

TABLEAU DES ABRÉVIATIONS

USITÉES DANS LES ÉCRITURES COMMERCIALES

ET EMPLOYÉES DANS CET OUVRAGE.

---

m/	— ma, mes, mon.
s/	— sa, ses, son.
n/	— notre.
o/	— ordre.
p^r ou p/	— pour.
b^t	— billet (m/b^t à s/o) mon billet à son ordre.
c$_{te}$ ou cpte.	— compte.
f^e	— facture (s/f^e, m/f^e) sa facture, ma facture.
s^e	— solde.
t^e	— Traite (m/t^e p/s^e) ma traite pour solde.
ach.	— achats.
compt.	— comptant.
court	— courant.
comm^{on}	— commission.
esc^{te}	— escompte.
Eff.	— Effets (à payer, à recevoir).
March. g^{les}.	— Marchandises générales.
P. et pertes.	— Profits et pertes.
Fr. gén^x	— Frais généraux.
Nég^{on}	— Négociation.
Rab.	— Rabais.

Paris.—Imp. de Dubuisso et C rue Coq-Héron, 5.

BIBLIOTHÈQUE COMMERCIALE

GUIDE-MANUEL

DE LA

TENUE DES LIVRES

DE COMMERCE

EN PARTIE SIMPLE ET EN PARTIE DOUBLE

PAR

H. LENEVEUX

Professeur à l'Association Philotechnique.

Nouvelle Édition. Prix : 1 fr. 50

PARIS

LIBRAIRIE DE PASSARD, ÉDITEUR

7, RUE DES GRANDS-AUGUSTINS, 7

AVANT-PROPOS

Il existe de par le monde un si grand nombre d'ouvrages, gros ou petits, sur la comptabilité commerciale, qu'il est assurément fort téméraire d'en augmenter la collection. Nous essayerons cependant de dire pourquoi nous l'avons osé, et nous croyons qu'on reconnaîtra que nous avons eu raison de le faire.

Les traités sur la tenue des livres peuvent se diviser en deux catégories : les *classiques* et les *novateurs*. De ces derniers, qui sont innombrables, on peut dire qu'ils nuisent, bien plus qu'ils ne servent, à l'éducation commerciale. Rompant avec les habitudes traditionnelles, ils exposent des théories dont quelques-unes, il est vrai, sont fort ingénieuses et pleines de raison; mais ces nouveautés, qui conduisent à une véritable révolution dans les écritures de commerce, ne peuvent être adoptées par des jeunes gens qui auront à suivre, la plupart du temps, des traditions et des habitudes en quelque sorte invétérées. On n'a pas tous les jours à créer une comptabilité; on en continue beaucoup, au contraire, et l'on ne peut espérer changer d'un jour à l'autre les usages dans lesquels ont été élevés les commerçants de notre temps.

Restent les traités véritablement *classiques*. Ceux-là rendent de grands services ; ils sont les conservateurs de la vieille tradition. Peut-être même le sont-ils trop. Copiés servilement les uns sur les autres, leur filiation remonte assez loin pour qu'il ne leur ait pas été permis de renfermer et de consacrer, non pas d'importantes innovations (nous avons dit plus haut qu'elles n'étaient pas acceptées et ne pouvaient l'être), mais cette foule de petites améliorations de détail qui simplifient le travail, l'abrègent et offrent de plus nombreuses garanties contre les erreurs et l'inattention des comptables. Ajoutons que presque tous les traités *classiques* sont exclusivement écrits au point de vue théorique, et sentent le professeur bien plutôt que le praticien.

Cette critique, qu'on ne pourra pas taxer de sévérité, fait comprendre suffisamment ce qui nous a inspiré l'idée d'ajouter ce petit livre à tant d'autres.

Nous l'avons fait petit, parce que d'abord les longs traités, en cette matière, ne sont ni les meilleurs ni les plus instructifs ; et qu'ensuite nous l'avons voulu rendre populaire par son bas prix.

Son éditeur n'a pas reculé devant des dépenses, relativement considérables, pour que la partie pratique fût bien aisée à comprendre, pour que la tenue des livres simulée qui la constitue se rapprochât autant que possible d'une véritable et sérieuse comptabilité, au lieu de se borner, comme on le fait généralement pour économiser des frais de composition de tableaux, à quelques rares exemples qui n'instruisent qu'imparfaitement.

Nous avons condensé en quelque sorte, dans ces études, tout ce que consacre la tradition des comptables, et nous n'avons pas négligé d'y ajouter ce que l'expérience personnelle, une assez longue pratique, et des recherches nombreuses ont pu nous apprendre en dehors de cette tradition.

Nous avons écarté de notre cadre certaines questions qui, dans les livres de ce genre, tiennent trop souvent la place de choses plus utiles. Nous avons préféré donner des renseignements, peut-être vulgaires, mais à coup sûr intéressants et indispensables, sur les opérations du commerce ordinaire, plutôt que d'entrer sommairement, et par conséquent d'une manière fort incomplète, dans les opérations de banque, de courtage, de change, etc., dont l'étude exige, au préalable, des connaissances assez étendues, et qui ne peuvent s'apprendre au moyen d'un livre traitant de la comptabilité en général.

Nous avons écrit, en un mot, pour les jeunes gens des deux sexes qui se destinent au commerce de boutique et de magasin, pour les entrepreneurs, les petits manufacturiers ; pour tous ceux enfin qui ont besoin de savoir quelles obligations la loi leur impose, et comment leurs intérêts peuvent être sauvegardés au moyen d'une sérieuse et exacte comptabilité.

DE LA
TENUE DES LIVRES
DE COMMERCE

PRÉLIMINAIRES.

« Sont commerçants, dit laconiquement l'art. 1er du code de Commerce, ceux qui exercent des actes de commerce, et en font leur profession habituelle (1). »

« Commerce, dit à son tour le dictionnaire de l'Académie, signifie trafic, négoce de marchandises, d'argent, soit en gros, soit en détail. »

Le *marchand*, dit encore le dictionnaire, est celui qui fait profession d'acheter et de vendre. *Négociant* a un sens plus relevé; il se dit de celui qui fait le commerce en grand. Le *fabricant* est celui qui convertit les matières premières en objets usuels, soit par lui-même, soit à l'aide d'ouvriers qu'il salarie. On lui donne

---

(1) Sont réputés actes de commerce :

« Tout achat de denrées et marchandises pour les revendre, soit en nature, soit après les avoir travaillées et mises en ordre, ou même pour en louer simplement l'usage. Toute entreprise de manufactures, de commission, par terre ou par eau. Toute entreprise de fournitures, d'agence, de bureaux d'affaires, établissements de vente à l'encan, de spectacles publics. Toute opération de changes, banque et courtage. Toutes opérations de banques publiques. Toutes obligations entre négociants, marchands et banquiers.

« Entre toutes personnes, les lettres de change ou remises de personnes faites de place en place. »   (*Code de Commerce*, art. 632.)

Sont encore réputés actes de commerce :

« Toute entreprise de construction, et toute vente et revente de bâtiment pour la navigation intérieure et extérieure. Toutes expéditions maritimes. Tout achat et vente d'agrès, apparaux et avitaillement. Tout affrètement ou nolissement, emprunt ou prêt à la grosse, toutes assurances et autres contrats concernant le commerce de mer.

« Tous accords et conventions pour salaires et loyers d'équipages. Tous engagements de gens de mer pour le service de bâtiments de commerce. »   (*Id.*, art. 633.)

encore, dans ce dernier cas, les noms de *manufacturier* ou d'*industriel*.

Il faut ajouter à ces catégories de commerçants les *courtiers, banquiers, agents de change*, les uns intermédiaires de vente, les autres faisant l'escompte, et le commerce des métaux précieux; les *armateurs, constructeurs* et *affréteurs de navires*, les *entrepreneurs de roulage* et *de messageries*, faisant les uns et les autres le transport des personnes et des marchandises.

Entrepreneur, enfin, se dit plus particulièrement de ceux qui s'adonnent aux diverses industries de la bâtisse.

C'est à cette classe de la société, désignée sous le nom de *commerçante*, que la loi fait une obligation de consigner sur des livres, en suivant certaines indications dont nous parlerons plus loin, toutes les transactions dont le commerce est l'objet.

Ces transactions, à peu d'exceptions près, se résument en quatre opérations bien distinctes : l'achat, la vente, le payement et la recette. A chacune de ces opérations se rattachent certaines habitudes que nous allons faire connaître, parce qu'elles rendent plus facile, plus sûre, la tâche du teneur de livres, en même temps qu'elles offrent au commerçant les moyens d'investigation et de contrôle qui seuls peuvent mener à bien ses entreprises.

Acheter pour revendre, c'est bien la plus claire définition du commerce. Acheter au meilleur marché possible, pour revendre aussi cher qu'on le peut, telle est bien aussi la loi qui domine toutes les transactions, quoi qu'on en puisse dire. Pour atteindre ce but, il ne suffit pas de savoir acheter et de savoir vendre, il faut pouvoir calculer le véritable prix de revient, c'est-à-dire ce qu'on doit ajouter au prix d'achat pour transport, séjour, emmagasinage, déchet, etc., etc., et faire entrer en ligne de compte les conditions de vente, les chances de non-payement, etc., afin de juger jusqu'où peuvent mener, sans perte, les conditions qu'impose la concurrence, ce contre-poids nécessaire de la loi commerciale dont nous venons de parler.

Rien de plus utile, à ce point de vue, que les livres de commerce; quand bien même la loi n'en prescrirait pas l'usage, on ne saurait s'en passer, et la preuve, c'est que l'on va bien au delà dans la pratique de ce qui est ordonné.

Avant d'arriver aux livres de commerce et à leur tenue, il est nécessaire que nous disions quels éléments servent à les former, et ce qui se fait à cet égard dans les meilleures maisons. On nous saura certainement gré de nous être occupé de ces préliminaires, ordinairement oubliés dans les livres du genre de celui-ci.

DES ACHATS.

Il est d'usage qu'un achat de marchandises, à l'arrivée dans le magasin, soit accompagné d'un *bulletin de livraison*. Ce bulletin indique : 1° la nature des marchandises; 2° leur mesure (poids, métrage, contenance, etc.); 3° la *tare* ou déduction de mesure s'il en existe; 4° leur prix; 5° l'escompte ou rabais, s'il y a lieu; 6° le terme accordé pour le payement. Ce bulletin de livraison diffère d'une facture, en ce sens que cette dernière est calculée et totalisée, tandis que le bulletin de livraison ne contient ni calculs ni totaux.

A la réception de ce bulletin, le négociant s'assure d'abord, à l'aide du carnet de poche où il inscrit sommairement ses achats, (ou par sa correspondance, s'il a acheté par intermédiaire), que le prix porté est bien celui qu'il a accordé, que l'escompte est bien celui convenu; enfin qu'il n'y a pas d'erreur dans le terme indiqué pour le payement. Après quoi il fait procéder au mesurage des marchandises et à la vérification des tares. Ces constatations opérées, le commerçant appose son *visa* sur le *bulletin de livraison*; le commis en fait les calculs, le copie sur un registre d'entrée des marchandises, et porte au carnet d'échéances de factures, dont il sera parlé plus loin, la date à laquelle on en devra payer le montant. Puis il serre dans une *chemise* le bulletin de livraison, auquel viendront se joindre par ordre de date ceux qui suivront.

On comprend que ce mode a pour but de ne pas tenter la paresse du commis, qui, s'il trouvait le calcul tout fait, ne prendrait peut-être pas la peine de le recommencer, ou qui, sans être inexact à ce point, pourrait encore tomber dans une erreur de calcul qu'il aurait sous les yeux. Somme toute, la facture sera calculée par deux personnes, le commis du vendeur et celui de l'acheteur, et c'est la meilleure garantie contre toute erreur.

Il va sans dire que toute erreur constatée dans la mesure, dans le prix, dans la qualité, dans les conditions de vente enfin, doit être signalée immédiatement au vendeur, et qu'on doit attendre un bulletin rectifié avant d'en passer écriture.

Aux ACHATS correspondent donc deux livres, de la nature de ceux qu'on nomme *auxiliaires*, parce qu'ils sont purement facultatifs : le *livre d'entrée des marchandises* et le *carnet d'échéances de factures d'achats*, qu'il ne faut pas confondre avec le *carnet d'échéances des effets à payer*. Un billet à ordre doit rigoureusement être payé à son échéance, tandis qu'une facture ayant terme peut aisément être reculée, moyennant l'escompte du retard. Si l'on croyait ne devoir faire qu'un seul carnet pour les échéances, il faudrait bien indiquer à chaque article s'il s'agit d'une facture ou d'un billet. Nous aurons au reste occasion de revenir sur ce sujet.

On trouvera aussi au chapitre des PAYEMENTS des renseignements sur l'ordre d'enregistrement des *achats au comptant*.

DES VENTES.

Ce que nous venons de dire s'applique parfaitement, en le retournant, aux ventes que fait à son tour le commerçant. Toutefois, si son commerce participe plus du demi-gros et du détail que du négoce, il ne devra expédier des bulletins de livraison, c'est-à-dire des factures non calculées, qu'autant que cela serait à la convenance de ses acheteurs. Beaucoup de petits marchands n'ont pas de commis aux écritures, et un grand nombre d'acheteurs ne seraient pas satisfaits d'avoir des calculs à faire : ils se contentent de vérifier ou de faire vérifier, si mieux ils n'aiment s'en rapporter à la loyauté du marchand.

Si ce dernier expédie des bulletins de livraison et vend à terme, le commis doit tenir note des échéances et les inscrire sur un *carnet d'échéances des factures de vente*, qu'il ne faut pas confondre non plus, et par les raisons que nous avons déduites plus haut, avec les *échéances d'effets à recevoir*.

Nous avons dit, en parlant des achats, que ces opérations portaient avec elles leur pièce justificative : le bulletin de livraison ou la facture, qu'on devait collectionner avec soin et ordre. Les ventes ont souvent aussi leur pièce à l'appui, dont la conservation est plus importante peut-être. Ce sont les *ordres* donnés ou les *commandes* faites par les acheteurs, soit par lettre, soit sur une petite note volante, soit inscrites sous leur dictée sur un carnet de poche ou sur un *brouillard de commandes*. Toutes ces pièces, après avoir été copiées sur le registre de vente, où elles vont se changer en *factures*, devront être classées par date et gardées avec soin, pour parer au besoin à toute contestation.

Les commandes ne doivent être inscrites sur le *livre de factures de vente* qu'au moment même où elles vont être expédiées, afin qu'elles se suivent exactement dans l'ordre de livraison. Une fois inscrites, et les quantités, poids ou mesures des marchandises indiqués, ainsi que leur prix d'unité, on doit les faire copier, pour être remises à l'acheteur, avant d'être calculées par la personne qui tient le registre de ventes. Lorsque cette dernière fait les calculs, la personne qui copie la facture les fait également de son côté, et de cette façon se trouve exercé ce contrôle dont nous avons démontré l'indispensabilité. N'oublions pas de dire qu'on ne doit additionner les totaux d'une facture qu'après avoir fait la vérification et l'appel de toutes les marchandises dont elle constate l'envoi.

Les VENTES exigent donc, comme les achats, deux livres auxiliaires : le *livre de ventes*, ou *copie de factures de ventes*, et un *carnet d'échéances* de ces factures ; mais ce dernier n'est pas toujours nécessaire, nous avons dit pourquoi. On pourrait aussi fondre en un les deux *carnets d'échéances d'achats* et *de ventes*, en réservant le *recto* pour les unes, et le *verso* les autres.

Nous dirons au chapitre des RECETTES ce qui se fait pour les *ventes au comptant*.

DES PAYEMENTS.

Nous comprenons sous ce titre non-seulement les payements que fait le commerçant à ses vendeurs, mais encore ses dépenses de toutes natures et les avances qu'il peut faire sous forme de prêt, de dépôt, etc. Nous ne nous bornons pas non plus aux versements d'espèces, mais bien à tout ce qui, sous une forme ou sous une autre, tend à libérer le commerçant envers ses créanciers, quels qu'ils soient. Cette méthode, qui se généralise de jour en jour, simplifie le travail de comptabilité et garantit de beaucoup d'erreurs. Elle a en outre le mérite de compléter le remplacement du *brouillard* (livre où toutes les opérations sont entassées pêle-mêle) par des livres auxiliaires clairs et raisonnés. De plus, elle n'offre aucune difficulté pour l'application, puisque le livre qu'elle force à tenir n'est qu'une imperceptible modification du *livre de caisse* dont on fait usage généralement. Enfin, ce n'est pas une théorie que nous exposons, c'est un fait pratique que nous enregistrons.

A quelques rares exceptions près, et rigoureusement il n'en devrait pas exister, tous les payements sont accompagnés de pièces probantes, de *reçus* ou d'*acquits*. Avant de procéder à un payement, quel qu'il soit, le négociant s'assure, à l'aide de ses livres, que la somme qu'on lui réclame est bien due et que le chiffre est bien celui annoncé. Cette vérification préalable est indispensable, même pour les billets revêtus de sa signature, car on sait avec quel art les faussaires procèdent. S'il s'agit d'une traite

par lui acceptée, ou d'un billet qu'il a souscrit, le carnet d'é-
chéances d'effets à payer lui donne la preuve de sa dette; s'il
s'agit d'une facture à terme, il en trouve le chiffre dans le carnet
d'échéances de cette catégorie; si la facture ou le compte-général
qu'on lui présente est payable à la volonté du vendeur, le commerçant en fait faire la vérification par son teneur de livres,
lequel n'a qu'à consulter au grand-livre le compte personnel du
vendeur.

Ces vérifications faites, le payement peut avoir lieu de trois ou
quatre manières, ou participer de toutes les quatre. Le commerçant peut solder en espèces ou billets de banque, ce qui est tout
un; il peut passer à l'ordre de son créancier des billets qu'il a
reçus lui-même en payement; il peut aussi s'acquitter en un règlement, c'est-à-dire à l'aide de billets souscrits par lui; enfin, il
peut avoir à rabattre quelque chose de la somme demandée, soit
à titre de rabais, d'escompte, d'objets rendus et compris originai-
rement dans la facture, etc., etc.

C'est cette complication de détails que l'on simplifie par l'emploi du registre des payements. Après avoir soldé son créancier et
en avoir tiré la pièce à l'appui, soit billet, soit facture ou compte,
mémoire ou note, bien et dûment acquittés, le négociant y
ajoute, si elle ne s'y trouve déjà, la date de l'acquit et l'indication du mode de payement, c'est-à-dire la mention des espèces
versées, le numéro d'ordre des effets à recevoir qu'il aurait passés
à l'ordre du créancier, l'échéance des billets qu'il aurait souscrits, ainsi que leur montant; enfin la mention du rabais, s'il y
en a, et de sa cause.

Le reste est l'affaire du teneur de livres, qui enregistre ces détails sur le registre de payements, en ayant soin de ne faire ressortir, pour être plus tard additionnés, que les versements en
espèces, ce qui fait de ce livre, comme nous l'avons dit, une
simple moitié du livre de caisse. (L'autre moitié se trouve dans
le *livre de recettes.*)

Au registre des payements viennent encore se classer :

1° Les achats au comptant, constatés soit par factures acquittées, soit par simples notes, qu'on collectionne à part, après les
avoir enregistrées par ordre de dates;

2° Le payement des billets souscrits par le commerçant, lesquels billets sont collectionnés avec les factures acquittées à
terme;

3° Les prêts d'argent ou d'effets négociables, ainsi que les remboursements d'effets à recevoir qui n'auraient pas été payés à l'échéance;

4° Les escomptes de billets, c'est-à-dire l'échange fait, moyennant intérêt, d'effets à recevoir à des échéances plus ou moins éloignées contre de l'argent;

5° Le payement des *frais généraux*, c'est-à-dire des frais occasionnés par le commerce auquel on se livre : par exemple, le loyer, les impositions, les appointements d'employés, l'éclairage, etc., etc. Ces dépenses sont portées jour par jour sur un petit livre spécial, et relevées chaque mois seulement pour être portées en bloc au registre des payements;

6° *Les dépenses de ménage*, comprenant rigoureusement tout ce qui est sorti de la caisse pour nourriture, entretien, plaisirs, etc., et relevées mois par mois, comme les frais généraux, sur un petit livre spécial;

7° Les pertes d'argent, par suite de négligence, d'accident ou de vol :

8° Les payements faits pour achats de mobilier, de matériel d'exploitation, d'effets publics, d'immeubles, etc.

En un mot, le registre des payements doit constater, quelle qu'en soit la cause, toute sortie d'argent de la caisse, toute sortie d'effets du portefeuille, par une autre cause que celle de leur encaissement (ce dernier mode de sortie constituant une recette et non un payement), et toute création de billets à ordre et acceptation de traites sans aucune exception.

Aux PAYEMENTS correspondent, comme nous venons de l'expliquer, le *livre de caisse et portefeuille*, ou *registre de payements*, ainsi que les petits livres de *frais généraux* et de *dépenses de ménage*, auxquels on joint quelquefois un livre d'*achats au comptant*, dont on relève le total périodiquement.

DES RECETTES.

Les recettes ne se constatent que par leur inscription immédiate, et n'ont d'autre contrôle que l'examen de la caisse (dont le contenu doit égaler, à chaque vérification, le chiffre que donne au grand-livre la balance du compte de *caisse*), et l'ouverture du portefeuille, dont les billets à recevoir doivent également concorder avec les chiffres donnés par la balance de ce compte. En attendant des explications plus précises sur ce point, nous allons énumérer quelles sont les différentes natures de recettes qui figurent au livre de ce nom.

1° Les ventes au comptant, dont le produit est relevé jour par jour, en chiffrant les espèces recueillies dans la caisse ou les tiroirs des comptoirs, et les contrôlant par les notes prises au fur et à mesure de chaque vente. Ce contrôle est indispensable dans les maisons où la vente au détail est importante, ce qui n'empêche pas beaucoup de marchands de se borner à compter chaque soir la recette de leur tiroir, et à en déduire la somme en monnaie qu'ils y ont déposée le matin. Ceux-là n'ont d'autre garantie contre les vols que la loyauté de leurs employés et l'activité de leur surveillance (1).

2° Le *règlement* des factures de vente, c'est-à-dire leur payement en billets à ordre, souscrits ou endossés par l'acheteur, ou en billets et espèces, ou encore en billets, espèces, rabais ou marchandise rendue. (Voir à ce sujet ce que nous avons dit au chapitre des payements sur les différentes manières dont le débiteur peut s'acquitter envers le créancier.)

3° La recette des factures dont l'échéance est arrivée;

4° L'encaissement du montant des effets à recevoir que le commerçant a gardés en portefeuille et qu'il a fait toucher au domicile des souscripteurs;

5° L'encaissement des effets à recevoir qu'on a donnés au banquier pour les escompter, avec l'indication de la somme retenue pour escompte par ce dernier;

6° L'argent provenant des emprunts faits par le commerçant, avec l'indication sommaire des conditions de ces emprunts;

7° Les fonds provenant des ventes d'immeubles ou d'effets publics, d'héritages, de dons, de trouvailles, de produits d'immeubles, etc.

En résumé, au rebours du *livre de payements*, le *livre de recettes* doit constater toute entrée d'argent dans la caisse et de billet à recevoir dans le portefeuille, à quelque titre que ce soit, et sans qu'il puisse y être fait d'exception.

Les RECETTES, on le voit, n'exigent qu'un seul livre, considéré comme la seconde partie du livre de caisse ordinaire, à cette dif-

____

(1) On comprend que toute recette immédiate d'une facture de vente, quelle que soit l'élévation de son chiffre, doit être considérée comme une vente au comptant. Il en est de même pour une facture que l'acheteur paye quelques heures après, ou même le lendemain, avant que le commis n'en ait passé écriture. On se borne à indiquer par une barre transversale et un P, sur le *copie de factures*, que cet achat, ayant été soldé, ne doit pas être relevé par le teneur de livres, et l'on verse l'argent de ce solde dans la caisse journalière, où il se confondra avec le total des ventes au comptant du jour.

férence près qu'on y comprend les recettes autres que celles en espèces et billets de banque. Faisons observer que, comme pour le livre de payements, on ne doit sortir en marge, pour être additionnées, que les recettes de cette dernière nature.

Les explications qui suivront, ainsi que les modèles que nous donnons plus loin, éclairciront ce qu'on aura peut-être trouvé de difficile à comprendre dans les observations que nous avons présentées.

DES LIVRES EXIGÉS PAR LA LOI.

Voici le texte des articles 8, 9, 10 et 11 du code de Commerce :

ART. 8. — Tout commerçant est tenu d'avoir un *livre-journal* qui présente, jour par jour, ses dettes actives et passives, les opérations de son commerce, ses négociations, acceptations et endossements d'effets, et généralement tout ce qu'il reçoit et paye, à quelque titre que ce soit, et qui énonce, mois par mois, les sommes employées à la dépense de sa maison : le tout indépendamment des autres livres usités dans le commerce, mais qui ne sont pas indispensables. Il est tenu de mettre en liasse les lettres missives qu'il reçoit, et de copier sur un registre celles qu'il envoie.

ART. 9. — Il est tenu de faire, tous les ans, sous seing privé, un inventaire de ses effets mobiliers et immobiliers, et de ses dettes actives et passives, et de le copier, année par année, sur un registre spécial à ce destiné.

ART. 10. — Le livre-journal et le livre des inventaires seront paraphés et visés une fois par année. Le livre des copies de lettres ne sera pas soumis à cette formalité. Tous seront tenus par ordre de dates, sans blancs, lacunes ni transports en marges.

ART. 11. — Les livres dont la tenue est ordonnée par les articles 8 et 9 ci-dessus, seront cotés, paraphés et visés, soit par un des juges des tribunaux de commerce, soit par le maire ou un adjoint, dans la forme ordinaire et sans frais. Les commerçants seront tenus de conserver ces livres pendant dix ans.

Les articles qui suivent, et que nous reproduirons ailleurs

parce qu'ils ne touchent pas directement au sujet qui nous occupe maintenant, indiquent les avantages légaux attachés à l'obéissance du commerçant aux prescriptions du Code.

Un rapide commentaire des articles que nous venons de citer nous paraît nécessaire. On a pu voir dans nos quatre chapitres sur les opérations du commerce, que le vœu de la loi était rempli, sinon dans la lettre, au moins dans l'esprit, par la création des registres que nous avons énumérés. A eux tous ils présentent jour par jour les *dettes passives*, c'est-à-dire ce que le négociant doit; les *dettes actives*, autrement dit ce qui lui est dû (ACTIF se disant, en langage commercial, de tout ce qu'on possède, même sans l'avoir payé encore, et PASSIF, de tout ce qu'on doit). Ces *livres auxiliaires* constatent aussi avec la plus rigoureuse précision les négociations, les acceptations et endossements d'effets, ainsi que tout ce qui est reçu et payé par le négociant. Ils énoncent, enfin, les sommes dépensées mensuellement pour ses besoins personnels ou commerciaux. On ne saurait leur reprocher la plus petite omission de ce qui est indiqué par le Code; ils entrent, au contraire, dans des détails que la sévérité même de la loi n'avait pas prévus ou n'a pas jugé à propos d'indiquer. On a vu aussi que les commerçants classent et conservent, non-seulement les lettres, mais encore tous papiers pouvant servir de preuve à leurs transactions, et copient ou *autographient* leur correspondance.

Cependant ces registres ne remplissent pas rigoureusement et à la lettre le vœu de la loi, qui exige la tenue d'un *livre-journal* et non de plusieurs livres en tenant lieu. Il a donc fallu, et en cela la loi s'est trouvée d'accord avec le mécanisme de la tenue des livres, faire du *livre-journal* un livre de traduction et de mise au net des livres auxiliaires. Nous disons *traduction*, parce que la comptabilité commerciale possède une langue à elle, langue barbare qui crée la seule difficulté de son étude, et que l'usage, nous le craignons fort, a pour longtemps consacrée.

TRADUCTION DES LIVRES AUXILIAIRES

PAR LE LIVRE-JOURNAL.

Dans le grand commerce, et pour le négociant qui opère sur une échelle importante l'achat et la revente d'un seul produit; dans tout commerce, en un mot, où les opérations sont peu nombreuses, bien que le chiffre en soit important, on peut se passer des livres auxiliaires que nous avons décrits en commençant. On les remplace tous par un *brouillard*, livre sur lequel le négociant inscrit au fur et à mesure toutes ses opérations, quelle qu'en soit la nature : achat ou vente, payement ou recette. C'est au teneur de livres à se reconnaître dans ce pêle-mêle confus de notes diverses, dont l'habitude seule peut permettre de débrouiller le chaos.

Quant à la manière d'inscrire les articles du *brouillard* au *journal*, comme elle est absolument la même que pour les livres auxiliaires, nous nous bornerons à décrire ceux-ci, dont l'usage, d'ailleurs, est beaucoup plus général que celui du *brouillard*.

Livre d'achats.

L'ordre logique veut que l'on inscrive successivement au livre-journal : d'abord les achats, puis les ventes; ensuite les payements; enfin les recettes. Il ne faut pas oublier que la loi exige le compte rendu des opérations jour par jour, en sorte que s'il n'y a qu'une seule vente, un seul achat dans un jour, il est nécessaire de leur consacrer un article.

Ceci établi, le teneur de livres prend donc le livre auxiliaire qui constate les achats. On donne à ce livre différents noms : *copie de factures d'achats, livre de ventes, entrées de marchandises*. Peu importe son nom, pourvu qu'il exprime nettement le rôle qu'il joue.

Ici commence, ou plutôt ici réside la seule difficulté sérieuse de l'étude de la tenue des livres. *Passer écritures* d'un article ne signifie pas seulement énoncer cet article tel qu'on le trouve dans les livres auxiliaires ou au brouillard : il exige en outre, nous l'avons déjà dit, une traduction dans une langue inconnue et bizarre, dont nous ferons d'abord connaître les mots, après quoi nous entrerons dans les explications.

Achat à terme. — Ayant donc à *passer* (abréviation de *passer écriture*) au *journal* un article d'achat qui est inscrit au livre auxiliaire sous la date du 4 janvier 1854, et qui énonce la vente faite, au négociant dont on tient les livres, de 10 tonneaux de vin à 120 fr. chaque, par M. Nicolas, négociant à Bordeaux, le teneur de livres écrira au livre-journal :

———— Du 4 janvier 1854. ————		
Marchandises générales.		
à Nicolas, de Bordeaux. Sa facture ce jour.	1	1200 »

Pour l'intelligence de cette traduction, et de toutes celles qui vont suivre, nous devons d'abord dire qu'en tenue de livres de commerce, toute opération est enregistrée en double (d'où le nom de *partie double*), c'est-à-dire que le chiffre qui la résume doit être porté, pour contrôle, à deux des comptes ouverts au GRAND LIVRE, soit aux particuliers (vendeurs ou acheteurs), soit au négociant lui-même, sous les noms de *caisse*, *portefeuille*, *effets à payer*, *marchandises générales*, *profits et pertes* et *capital*.

Or, toute la science du teneur de livres consiste à déterminer quels sont les deux comptes qui doivent figurer dans chaque opération. D'où la nécessité de se poser d'abord ces questions :

Quel est le compte qui reçoit ?

Quel est le compte qui donne ?

Il s'agit de vins achetés par notre commerçant à Nicolas. C'est Nicolas qui donne, évidemment, et notre marchand qui reçoit. Mais notre marchand peut recevoir bien des choses diverses qu'il faut spécifier : des marchandises (c'est le cas des vins en question), de l'argent, des billets à ordre, etc. Un compte est donc ouvert pour le cas indiqué ci-dessus, aux marchandises qu'il reçoit, sous le nom de *marchandises générales*, s'il opère sur plusieurs espèces de produits, sous le nom de *vins*, s'il ne vend que vins, sous le nom de *savons*, s'il commerce exclusivement sur ce produit, etc., etc. Or, notre négociant vendant autre chose que des vins, nous intitulons son compte *marchandises générales* et nous répondons :

Le compte qui reçoit est Marchandises générales,

Celui qui donne est Nicolas, de Bordeaux.

Passant à une seconde règle, qui est celle-ci

Le compte qui reçoit DOIT *à celui qui donne,*

Nous formulons :

Marchandises générales doit à Nicolas, de Bordeaux.

C'est ainsi que plus haut nous avons passé l'article (en supprimant, pour abréger, le mot *doit*, qui reste sous-entendu), et en l'inscrivant en deux lignes, pour avoir la place nécessaire à un exposé sommaire de cet article. Avant la colonne qui porte la somme de l'achat (1200 fr.), on voit un chiffre (1) qui est celui du *folio* du livre auxiliaire d'achats où se trouve l'article relevé. Si on avait besoin de détails plus circonstanciés sur l'achat en question, on recourerait au f° 1, indiqué, et on les trouverait.

A s'en tenir aux termes rigoureux de la loi, le journal devrait reproduire une copie littérale de l'article ; c'est ce que font un certain nombre de comptables; mais généralement on se contente d'un détail aussi sommaire que possible, et la plupart du temps on abrége ainsi les mots qui le forment :

March. g^les		
à Nicolas, de Bordx, s/f^c ce jour.	1	1200 »

S/ f^e ce jour, 1, signifie : « Sa facture en date de ce jour, dont on trouvera le détail au f° 1 du livre d'achats. »

Achats à terme. — Nous venons de donner la manière de passer écritures d'un achat isolé; mais c'est le cas le moins ordinaire. Le plus souvent il a été fait plusieurs achats le même jour, et il est facile, comme on va le voir, de les réunir en un seul article. Supposons que le 5 janvier, notre négociant ait acheté à Vermot, de Marseille, 10 caisses de savon à 100 fr.; à Pagnier, de Paris, 8 balles de café à 150 fr.; et à Nolin, de Meaux, 100 caisses de vermicelle à 10 fr. On passera ces articles sous une rubrique générale ainsi conçue :

5 janvier.				
March. g^les à Divers.				
à Vermot de Marseille, s/f^c ce jour.	1	1000 »		
» Pagnier, de Paris, d^o	1	1200 »		
» Nolin, de Meaux, d^o	2	1000 »	3200 »

Raisonnons d'abord notre article. C'est encore le compte de *marchandises* qui reçoit, comme ci-dessus; mais ce n'est plus un seul qui donne, c'est plusieurs, d'où le mot *divers*, qui représentera Vermot, Pagnier et Nolin au compte de Marchandises, lorsqu'on reportera à ce compte, au grand livre, le chiffre total des trois opérations, pour s'épargner de les y reporter en trois fois.

On sait que les chiffres 1, 1 et 2 représentent les folios du livre d'achats où sont copiées les factures des trois vendeurs. Les sommes partielles des trois factures, devant être réunies, ont été portées dans une colonne intérieure, d'où on les ressort totalisées dans la colonne de droite, où elles seront plus tard additionnées avec les chiffres des autres opérations.

Il est fort possible que les explications que nous donnons sur ce point ne soient pas parfaitement comprises dès l'abord; mais qu'on s'arrête principalement à la forme des articles et à leur arrangement : on en comprendra plus tard l'utilité. Chaque chose en son temps.

Livre de ventes.

Après avoir enregistré les articles qu'il a trouvés dans le livre d'achats à la date du 5 janvier, le teneur de livres passe au livre de ventes ou copie de factures.

Vente à terme. — Supposons d'abord qu'il n'y rencontre qu'une seule vente, à Moulin, de Paris, de 5 caisses de savon à 120 fr. Usant de la formule : *qui reçoit? qui donne?* il reconnaîtra que c'est le compte de Marchandises qui donne, et que Moulin est celui qui reçoit. Il passera donc l'article en ces termes, se rappelant que le compte qui reçoit *doit*, et, par conséquent, veut être inscrit le premier :

		Du 5 janvier.		
	Moulin, de Paris.			
	à March. générales, ma facture ce jour.	1	600 »	

Tel est le mode d'inscription au journal pour une vente isolée. Mais c'est encore là une exception : le plus souvent il y a plusieurs ventes à inscrire pour le même jour.

Ventes à terme. — Si par exemple le livre de ventes porte à la date du 5 janvier trois factures aux noms de :

Carrier, d'Auteuil, pour.....................	120 »
Bourgogne, de Paris........................	711 »
Vimeux, de Chartres.......................	140 75

il est clair que c'est toujours le compte de Marchandises qui donne; mais c'est plusieurs, ou *divers*, qui reçoit.

On écrit donc :

	Du 5 janvier.			
Divers à March. générales.				
Carrier, d'Auteuil, m/f^e ce jour.	1	120 »		
Bourgogne, de Paris, d°	1	711 »		
Vimeux, de Chartres, d°	2	140 75	971 75	

La formule des achats et celle des ventes est donc en réalité la même, sauf l'interversion des termes.

L'achat se passe : March. générales à divers (ou *à un tel*).

La vente :   Divers (ou *un tel*) à March. générales.

Il ne s'agit ici, bien entendu, que des achats ou ventes *à terme*, c'est-à-dire pour le règlement ou le solde desquels il y a terme. Dès qu'un achat ou une vente sont *soldés* (payés) ou *réglés* (payés par des billets de commerce), ils rentrent dans la catégorie des payements et des recettes. C'est là que nous les retrouverons, ainsi que leur formule en tenue de livres.

Avant d'aller plus loin, quelques observations sont encore nécessaires sur les écritures que nous venons de passer. Dans l'exemple qui précède, on retrouve encore, avant les totaux de chacune des factures, un chiffre (1, 1, 2). C'est l'indication du *folio* du livre de ventes, où ces factures sont copiées au long : on y pourra recourir de suite en cas de contestation.

C'est une règle générale que les articles passés au journal doivent toujours porter le *folio* indicatif du livre auxiliaire d'où on les a tirés.

C'est aussi une règle générale que dans tout article qui résume plusieurs comptes sous la rubrique *divers*, les chiffres de ces comptes doivent être en dedans de la colonne de droite, afin de ne pas se confondre et faire double emploi avec leur total, qui est reporté dans cette colonne, et qui sera additionné plus tard avec les totaux des autres opérations.

Livre de payements.

Nous avons dit quelles sont les formules commerciales sous lesquelles s'inscrivent les affaires portées aux livres d'achats et de ventes. Abordons maintenant le livre auxiliaire des *soldes et réglements*, le registre des *payements*. Qu'on ne s'étonne pas de nous voir à chaque instant donner quelque nouveau nom à ces livres, c'est afin que notre lecteur ne s'en épouvante pas et sache les reconnaître quand il les rencontrera dans la pratique. Du reste, nous le répétons, peu importe le nom, pourvu qu'il définisse clairement la chose. Au livre des payements, nous allons trouver autant de formules que nous avons énuméré de modes de payements. Commençons par le plus ordinaire et le plus simple.

Payement d'un achat à terme en espèces. — Le 25 janvier, Vermot, de Marseille, a présenté à la caisse de notre négociant sa facture du 5 du même mois, dont l'échéance était de 20 jours, suivant convention. Après s'être assuré au carnet d'échéances de factures d'achats, que l'échéance était bien au 25, et la somme parfaitement égale, notre négociant a soldé en espèces ladite facture, et le commis aux écritures a inscrit ce payement, puis classé la pièce acquittée dans le carton à ce destiné. Maintenant que nous avons à passer cet article au journal, nous devons procéder comme toujours. Qui a reçu? Vermot; qui a donné? notre négociant. Mais notre négociant, nous l'avons déjà dit, ne figure pas nominativement dans les comptes : il y est représenté, pour ses écus, par le compte de *caisse*, pour les billets qu'on a souscrits ou passés à son ordre, par le compte d'*effets à recevoir* ou *portefeuille*; pour les billets qu'il a souscrits, par celui d'*effets à payer*. Or, à la question : *qui a donné?* chaque fois qu'on répondra : *notre négociant*, il faudra poser cette seconde question : *qu'a-t-il donné?*

Ici la réponse n'est pas douteuse : il a donné des espèces, donc c'est sa *caisse* qui donne.

Vermot a reçu, donc il *doit*. (Qu'on ne s'effraye pas de ce non-sens apparent, la tenue des livres en fourmille.) Le compte qui *doit* figurant toujours le premier dans la formule, nous devrons passer ainsi l'article :

Du 25 janvier.

Vermot			
à Caisse. Solde de s / f° du 5 d°.	1	1000 »	

Ce qui signifie : « Vermot doit à ma caisse le versement de 1,000 fr., que je lui ai fait, le 25 janvier, pour solde des marchandises qu'il m'a fournies le 5 du même mois. »

Peut-être le lecteur nous a-t-il assez attentivement écouté jusqu'ici pour que nous essayions de lui faire comprendre un peu le véritable sens des mots *doit* et *avoir*. Nous avons dit un mot du *grand-livre*, c'est le livre des comptes, où chaque vendeur et acheteur a sa page, divisée en deux colonnes, celle de gauche portant pour titre *doit*, celle de droite intitulée *avoir*. Vermot figure en tête d'une de ces pages : lorsqu'il a vendu pour 1,000 fr. de savon à notre négociant, ces 1,000 fr. ont été portés, en suivant une marche que nous décrirons plus tard, à la colonne de droite, à l'*avoir* ou *crédit* de son compte. Jusqu'au 25 janvier, les choses sont restées ainsi; mais ce jour-là elles changent de face. Les 1,000 fr. que Vermot a reçus vont être portés à la colonne de gauche de son compte, sous le mot *doit* ou *débit* de son compte.

Il en résultera que Vermot ayant à droite 1,000 fr. qu'il a reçus, et à gauche 1,000 fr. qu'il avait fournis en marchandises, son compte est soldé, *balancé*.

Nous bornons là, pour le moment, cette explication. Il en résulte que le mot *doit*, sous-entendu dans les articles passés au journal, signifie que le chiffre de l'article doit être porté, au grand-livre, dans la colonne de gauche, ou du compte qui *doit*, tandis que le mot *avoir*, sous-entendu et figuré par la préposition *à*, indique que c'est à la colonne de droite qu'on portera le chiffre des comptes qui ont donné.

Et prenant pour exemple l'article ci-dessus.

VERMOT (sous-entendu *doit*) A (sous-entendu *avoir*) CAISSE, signifie : le *doit*, ou la colonne de gauche du compte de Vermot, doit porter 1,000 fr., que portera également la colonne de droite, ou l'*avoir*, de compte de *caisse*.

On pourrait, mieux encore, traduire ainsi :

<table>
<tr><td>Vermot.</td><td>Caisse.</td></tr>
<tr><td>Doit 1,000 fr.</td><td>Avoir 1,000 fr.</td></tr>
</table>

On a peut-être remarqué qu'en passant l'article ci-dessus, nous avons omis d'ajouter, au nom de Vermot, les mots *de Marseille*; c'est qu'en effet cette indication est désormais inutile, hors le cas où un second Vermot figurerait dans les comptes. C'est ici le lieu de recommander au teneur de livres d'apporter dans l'orthographe des noms la plus grande exactitude, et de faire figurer au grand-livre, après le nom des négociants qui habitent les grandes villes, l'indication de leur domicile. La pratique apprendra combien ces renseignements sont nécessaires.

Payements en espèces de plusieurs achats à terme. — Nous venons d'indiquer la formule qui correspond au payement, à terme, d'une facture d'achat, il nous reste à dire comment on doit écrire, lorsqu'on en a plusieurs à passer le même jour. Les explications du mot *divers*, données à propos des ventes et des achats, sont applicables au cas qui nous occupe. Nous avons dit *Vermot à Caisse*, parce qu'il ne s'agissait que de Vermot; si, au contraire, notre négociant a payé Pagnier et Nolin, on doit écrire :

<table>
<tr><td colspan="5" align="center">Du 25 janvier.</td></tr>
<tr><td colspan="2" align="center">Divers   à   Caisse.</td><td></td><td></td><td></td></tr>
<tr><td>Pagnier.</td><td>Pr solde de s/f^c du 5,</td><td>1</td><td>1200</td><td></td></tr>
<tr><td>Nolin.</td><td>do   do</td><td>2</td><td>1000</td><td>2200 »</td></tr>
</table>

Nous croyons inutile d'entrer à cet égard dans de plus longs développements. Les raisons que nous avons données précédemment doivent suffire. Passons à un autre article.

Achat au comptant. — Le payement d'une facture au comptant mérite d'être raisonné. Sauriac, de Paris, a vendu à notre négociant 10 barils de miel à 23 fr., soit 230 fr., qui lui ont été payés immédiatement, et dont il a donné facture quittancée. Il semble, au premier abord, que Sauriac doive figurer dans l'un des deux comptes que chaque opération met en présence. Mais aux questions : qui reçoit? qui donne? on s'aperçoit bien vite qu'il n'en est rien. Qui reçoit, en effet? Marchandises. Qui donne? Caisse. Sauriac, immédiatement soldé, à qui l'on ne doit rien, n'a pas à figurer ici dans les comptes. On écrit donc, en vertu de la règle *qui reçoit doit* :

March. générales.			
à Caisse.	la f^e Sauriac, de ce jour.	2	230 »

Payements divers en espèces, effectués le même jour. — Il se pourrait que l'article ci-dessus ait la même date que les deux payements qui le précèdent. Dans ce cas, on ne ferait du tout qu'un seul article, ainsi formulé :

Du 25 janvier.				
Divers	à	Caisse.		
Pagnier.	S^e de s/f^e du 5.	1	1200	
Nolin.	d^o	2	1000	
March. g^{les}.	F^e Sauriac, ce jour.	2	230	2430 »

En un mot, tous les payements faits par la caisse le même jour à divers comptes peuvent être passés de cette manière. Le raisonnement suivant le prouve et l'explique :

Qui reçoit? Divers comptes, dont le détail va être donné. Qui donne? Caisse. Donc *Divers à caisse.*

On peut joindre à ces divers comptes les frais généraux, les dépenses de ménage, les payements de billets, et en général tous les articles que nous allons passer en revue, pourvu que ces payements aient été faits à la même date.

Payement d'un billet à ordre. — Le payement d'un billet sous-crit par le négociant dont on tient les livres, se passe ainsi :

Effets à payer
A Caisse, le payement de m/ b^t o/ Lureau, n° 1. 600 »

Les abréviations ci-dessus, m/ b^t o/ signifient : mon billet à l'ordre de Lureau. Le numéro est celui que ce billet a reçu du négociant lors de sa création et de son enregistrement au carnet d'échéances.

La question *qui reçoit? qui donne?* n'est pas ici d'une aussi facile solution que précédemment. Il faut, pour la bien résoudre, considérer abstractivement les billets acquittés comme des objets importants rentrant aux mains du négociant, bien qu'ils aient perdu toute valeur au moment de leur acquittement. Donc, à cette question : *Qui reçoit?* on doit répondre : Le compte d'*effets à payer*.

Prêt en espèces remboursable à terme. — Le prêt d'argent se formule naturellement par le nom de l'emprunteur et la caisse. Si notre négociant prête à Salvage une somme de mille francs remboursable dans deux mois, nous écrirons, après avoir pris note de l'époque du remboursement :

Salvage
à Caisse, m/ prêt de ce jour...................... 1,000 »

Prêt réglé immédiatement par un billet de l'emprunteur. — Si Salvage a souscrit un billet en échange du prêt, il a remboursé, car un billet est réputé espèces, bien que sa circulation ne soit pas forcée. Salvage n'a donc plus à figurer dans l'article, qui se formule ainsi :

Effets à recevoir
à Caisse.   Le b^t Salvage à m/o, au 20 février,
        pour solde de m/ prêt de pareille somme.   1,000 »

Prêt en valeurs négociables. — Si, n'ayant pas d'argent en ce moment, mais tenant à obliger Salvage, notre négociant lui remet, pour les escompter chez un banquier, une liasse d'effets à recevoir tirés de son portefeuille, qui reçoit? Salvage. Qui donne? Effets à recevoir. Donc

Salvage
à Effets à recevoir, les b^ts, n°s 7, 10, 23.
            A lui remis à titre de prêt....... 4 | 800 »

Le chiffre 4 qui précède la somme indique qu'on doit trouver à la page 4 du livre de payements le détail des billets à recevoir donnés à Salvage. Les n^os (7, 10, 23), correspondent d'ailleurs au carnet d'échéances d'effets à recevoir, où ces billets sont enregistrés avec les plus grands détails, comme on le verra aux modèles que nous publions plus loin.

Payements complexes, en espèces, billets à payer, effets à recevoir, rabais, etc. — Arrivons-en maintenant au payement effectué en plusieurs valeurs. Supposons qu'au lieu de donner 1,000 fr. à Vermot pour solde de sa facture du 5 janvier, notre négociant lui ait donné, en espèces............................... 400 »

En un billet de lui au 4 février.................... 300 »

En une valeur de portefeuille (eff. à recevoir)....... 290 »

Et qu'il ait exigé le rabais du surplus............. 10 »

C'est toujours Vermot qui reçoit; mais c'est plusieurs, ou *divers*, qui donne. Donc :

Vermot   à   Divers.

Quels sont ces divers?

La caisse, d'abord, qui donne 400 fr. Puis le compte d'effets à payer, qui donne un billet de 300 fr. Puis le compte d'effets à recevoir, qui fournit un billet de 290 fr. Enfin, quel est le compte qui donnera les 10 fr. restant? Un compte dont il sera plusieurs fois question plus loin : le compte de *profits et pertes*, que nous nous bornons pour l'instant à nommer.

On écrira donc au journal :

	25 janvier.		
Vermot à Divers.			
à Caisse espèces.	4	400	
» Effets à payer, m/b^t à s/o au 4 févr.	»	300	
» Effets à recevoir, le b^t *un tel* n° »	»	290	
» Profits et pertes, rabais p^r solde de s / f^c du 5.	»	10	1000 »

Les guillemets qu'on trouve dans les exemples précédents et dans celui-ci ont la signification de *idem* ou *dito*. Ceux de gauche sont la répétition de la préposition *à*; ceux de droite rappellent le *folio 4* du livre auxiliaire qui fournit les éléments de l'article à passer.

Payement des frais généraux. — Nous avons déjà dit un mot du payement des frais généraux. C'est un article qui se passe en bloc, à la fin de chaque mois, par l'addition du petit livre spécial à ce genre de frais. On l'intitule :

Frais généraux
à Caisse.   Les f^s g^x du mois...................... »   »

Même règle pour les dépenses de ménage, pour lesquelles on ouvre souvent un compte distinct de celui des *frais généraux*. Ce dernier ne comprend que les dépenses qui, sans rien ajouter à la valeur des marchandises, sont cependant faites pour assurer leur conservation, leur transport, l'ordre dans les créances, etc., etc. Les dépenses de ménage se passent ainsi :

Dépenses de ménage
à Caisse.   Les dépenses du mois...................... »   »

Escompte par le négociant. — Si notre négociant fait parfois l'escompte, c'est-à-dire s'il échange des espèces contre des billets de commerce qu'on passe à son ordre, service pour lequel il retient un intérêt, on écrira :

Effets à recevoir à Divers.		
à Caisse. Nég^{on} à *un tel* des billets n^{os} »	760 »	
» Profits et pertes. Escompte desdits.	40 »	800 »

Voici l'explication raisonnée de cet article. Notre négociant, pour obliger un de ses confrères, lui prend pour 800 fr. de *papier* (on nomme ainsi les billets de commerce) à diverses échéances. Il prélève sur ce papier, en raison de l'éloignement de l'époque où il en sera remboursé, un intérêt légal de 1/2 p. 0/0 par mois, plus un droit de commission : le tout s'élève à 40 fr., qu'il retient sur le moment même. Il échange donc les 800 fr. de billets à recevoir contre 760 fr. espèces. On voit bien ici que c'est le compte d'effets à recevoir qui reçoit; mais qui donne? Ce ne peut être la caisse seule, car elle ne donne que 760 fr., et le chiffre du compte opposé est de 800 fr. Il y a donc nécessité de faire intervenir ici un second compte, celui de *Profits et pertes.*

Pertes de toute espèce de valeurs. — C'est encore le compte de profits et pertes qui figure dans les articles constatant les pertes d'argent, de billets ou de valeurs quelconques par suite d'accidents, négligence, vols, etc. Exemple : le 30 janvier, notre négociant a perdu son porte-monnaie, qui renfermait 735 fr., tant en monnaie qu'en billets de banque. Il en donne avis au commis, lequel, après tout espoir perdu de retrouver ces valeurs, en passe la perte au registre des payements, registre qui contient, nous le répétons, toutes les *sorties* d'argent ou de valeurs. C'est toujours, comme dans les articles précédents, la *caisse* qui donne ; mais c'est le compte de *profits et pertes* qui reçoit, ou du moins qui en fait le simulacre, pour la régularité de la partie double. On écrira donc au journal, dans ce cas :

Profits et pertes.			
à Caisse. m / perte du 31 janvier.	5		735 »

Achats mobiliers et immobiliers, d'effets publics, de matériel, etc. — On passe encore de la manière suivante tous les payements faits pour achats de mobilier, de matériels, d'effets publics, d'immeubles :

Mobilier		
à Caisse. m / achat au comptant d'une pendule........	»

Matériel		
à Caisse. m / achat d'un comptoir et de rayons........	»

Actions industrielles		
à Caisse. m / achat de 10 actions du Nord............	»

Immeubles		
à Caisse. Le payement de ma maison, rue............	»

Si ces achats ont été faits autrement qu'en espèces, on l'indique par les comptes qui correspondent à la nature des payements. Si l'immeuble a été réglé en billets à ordre, on inscrit :

 Immeubles à Effets à payer.

Si la pendule a été payée par un billet à recevoir et des espèces, on écrit :

 Mobilier à Divers.

Pour achat d'une pendule			
à Effets à recevoir, le bt, n°		»	»
» Caisse. espèces...........................		»	»

Nous sommes aussi brefs que possible en matière d'explications, parce que nous espérons que notre lecteur se fera lui-même, à chaque article que nous indiquons, les questions *qui reçoit? qui donne?* et y trouvera la preuve de la solution par nous donnée.

Résumons les principales formules des articles que le teneur de livres extrait du livre auxiliaire des payements.

Pour les payements d'achats à terme, en espèces :

    Divers (ou un tel)   à   Caisse.

Les payements de factures d'achats au comptant ;

    March. générales   à   Caisse.

Les payements de billets ou traites :

    Effets à payer   à   Caisse.

Le prêt à terme :

    Un tel (l'emprunteur)   à   Caisse.

Le prêt garanti ou plutôt soldé immédiatement par un billet de l'emprunteur :

    Effets à recevoir   à   Caisse.

L'escompte fait par notre négociant :

    Effets à recevoir   à   Divers.
à Caisse.
» Profits et pertes.

La perte d'argent :

    Profits et pertes   à   Caisse.

Le payement en espèces, en billets à recevoir, en effets à payer, et se soldant par un rabais :

    Un tel (le vendeur soldé)   à   Divers.
à Caisse.
» Effets à recevoir.
» Effets à payer.
» Profits et pertes.

Livre de recettes.

Il ne nous reste plus à donner, en fait de formules, que celles des articles qu'on extrait du livre de recettes. Nous aurons d'autant moins de peine à les faire comprendre maintenant qu'elles ne sont qu'une interversion naturelle de celles indiquées pour les payements.

Vente au comptant. — Ainsi, pour commencer par l'enregistrement du produit des ventes au comptant, nous n'avons qu'à retourner la formule de l'achat au comptant. Celle-ci était, on doit se le rappeler : *March. générales à Caisse,* parce que le compte de marchandises recevait et que la caisse donnait. Cette fois-ci, au contraire, c'est caisse qui reçoit et marchandises qui donne. Nous disons donc, au rebours :

      Caisse
à March. générales, la v^{te} au compt^t ce jour......... »   »

Recette d'une vente à terme, en espèces. — Un débiteur de notre négociant s'acquitte envers lui, en espèces. Nous écrivons :

      Caisse
à un tel (le nom du débiteur) s/v^t espèces,
            pour solde de m/ f^e du   .... »   »

Recette de plusieurs ventes à terme, en espèces. — Si au lieu d'un seul débiteur qui s'acquitte ce jour-là, il y en a plusieurs : par exemple Jean, Paul et Pierre, on les inscrit ensemble sous le nom de *divers,* en retournant toujours la formule employée pour les payements. Ainsi on écrit :

Caisse	à	Divers.	
à Jean. espèces p^r solde du		....	»
» Paul. d^o du		....	»
» Pierre. d^o du		....	»

Malgré que nous invitions, pour nous faire mieux comprendre, à retourner la formule des payements pour obtenir celle des recettes, le lecteur n'en devra toujours pas moins, à chaque article, s'assurer que la solution donnée est toujours conforme aux questions : *qui reçoit? qui donne?* et à la règle *qui reçoit* DOIT. C'est le moyen de ne jamais commettre d'erreurs.

Revenons à nos formules.

Recette complexe, en espèces, rabais et valeurs de portefeuille. — Un débiteur de notre négociant Verneuil lui solde ainsi une facture de 800 fr., du 20 janvier. En argent, 400 fr.; — en un billet de lui (ou d'un autre, peu importe, c'est toujours un billet à recevoir), de 386 fr.; — et un rabais de la somme restante : 14 fr. — De ces détails, donnés par le livre de recettes, à la page 7, je suppose, nous traduisons au journal :

Divers	à	Verneuil.		
Caisse.	espèces.	7	400	
Effets à recevoir. S/b^t à m/o, n°...	»		386	
Profits et pertes. S/ rabais p^r solde				
de la f^e 20 janvier.	»	14	800	»

Encaissement d'un effet à recevoir. — Notre négociant fait présenter à domicile un billet à son ordre, qu'il avait gardé en portefeuille, et il en encaisse le montant. Nous passons ainsi cet article :

       Caisse
à Effets à recevoir. Touché le b^t n°   ....   »

On n'a pas oublié que les billets à recevoir prennent un numéro d'ordre en entrant dans le portefeuille du négociant. C'est ce numéro qui figure dans tous les articles où le billet à recevoir est signalé, soit pour entrée, soit pour sortie.

Négociation de billets. — On inscrit ainsi au journal l'encaissement des sommes versées par le banquier en échange d'un certain nombre de billets à recevoir, si le banquier a prélevé immédiatement son escompte :

Divers	à	Effets à recevoir.		
Caisse.	La nég^{on} des b^{ts} n^{os}		743	
Profits et pertes. Escompte et comm^{on} de ladite.	17		760	»

L'article se passe :
       Divers   à   Effets à payer,
si le négociant donne des billets de lui au banquier.

Si le banquier reçoit les effets en compte, et ouvre un crédit à notre négociant, le banquier doit alors figurer personnellement dans les comptes. Quand on lui adresse un bordereau de valeurs, on l'en *débite*, c'est-à-dire on passe l'article de façon qu'il figure à son débit, ou à la colonne gauche (*doit*) de son compte, au grand-livre. Soit Delamarre le banquier, et 14,000 fr. le montant du bordereau. On écrit :

       Delamarre
à Effets à recevoir, m/ bordereau, d^t détail........ 14,000 fr. »

Et quand Delamarre avance des fonds, on l'en *crédite*, c'est-à-dire qu'on les fait figurer à la colonne droite de son compte, en passant l'article comme suit :

Caisse
à Delamarre.   s/ versement en compte............   » .

Puis quand le banquier adresse la note de ses escomptes, si l'on ne la solde immédiatement, on l'en crédite encore. Dans le cas de payement immédiat, c'est la caisse qui fournit et le compte de profits et pertes qui reçoit. Donc, dans ce cas :

Profits et pertes
à Caisse.   Payé à Delamarre pr escomptes..........   »

Emprunts. — Les emprunts s'inscrivent comme les prêts, en intervertissant l'ordre des comptes. Ils peuvent être faits de deux manières, ou *réglés* immédiatement en billets, ou constatés par une reconnaissance portant terme de payement, ce qui n'est pas du tout la même chose.

Réglés ou *soldés*. nous l'avons déjà dit, c'est tout comme; le prêteur ne doit donc pas y figurer : simplement reconnus par un acte, au contraire, le compte personnel de ce dernier doit en être crédité. Si donc Ramirez prête 10,000 fr. à notre négociant, par devant notaire, et payables à diverses époques déterminées, on écrira :

Caisse
à Ramirez.   s/ prêt de ce jour.................   10,000   »

Mais si Ramirez a reçu de notre négociant pour 10,000 fr. de billets à ordre souscrits par ce dernier, il faut écrire:

Caisse
à Effets à payer, m/ bts o/ Ramirez, pr solde de son
                  prêt de ce jour..............   10,000   »

Profits accidentels. — Les dons, trouvailles, etc., figurent au journal dans la formule inverse des pertes :

Caisse
à Profits et pertes, un billet de banque trouvé et non
                  réclamé......................   500   »
Mobilier
à Profits et pertes, la vaisselle d'argent donnée par mon
                  oncle........................   800   »

Vente et réalisation d'objets mobiliers et immobiliers. — La vente d'un immeuble, de rentes, etc., réalisée en espèces, se passe ainsi :

Caisse
à Immeubles, la vente de ma maison, n° 10,000   »

Caisse
à Effets publics, la vente de 5 inscriptions du g^d-livre. 8,400   »

Nous ne pousserons pas plus loin tous ces exemples. Ils avaient pour but de familiariser le lecteur avec cette langue ingrate de la comptabilité, et de l'initier aux raisonnements quelquefois très-subtils qu'elle exige. Le plus fort est fait maintenant, et l'on pourra aborder plus facilement les études pratiques que nous indiquons plus loin.

Toutefois, avant de quitter l'explication théorique du *livre-journal*, il nous reste encore à exposer quelques détails dont l'importance, pour n'être pas bien apparente, n'en est pas moins réelle.

Voici comment sont réglées les pages du livre-journal.

Des lignes horizontales sont destinées à recevoir les écritures de chaque article. Entre deux lignes verticales qui figurent au milieu de la page, s'inscrivent les dates, qu'on fait ressortir ensuite en passant à l'encre les bouts de ligne à gauche et à droite, ainsi qu'on le voit dans le modèle plus bas. La colonne de gauche est formée par la marge du livre et destinée à recevoir le chiffre de renvoi au grand-livre des comptes qui *doivent*, la petite colonne qui suit contient les chiffres de renvoi des comptes qui *reçoivent*. Les lignes qui précèdent la marge de droite reçoivent les chiffres des articles réunis sous le nom de *divers*; car cette colonne de droite ne doit jamais recevoir que le total de chaque opération. Ceci bien entendu, voici comment sont inscrits les articles :

			1854				
			—				
			Du 20 janvier.				
4		March. g^les					
	10	à Caisse.	Achat au comptant.	1		400 »
			d°				
	8	Divers	à	Verneuil.			
10		Caisse. . . . . . , . .	. . . Esp^es	. . . .	7	400	
21		Eff. à recevoir.	S / b^t à m / o.	. . . .	»	386	
34		Prof. et pertes.	Rab. p^r solde.	. . . .	»	14	800 »
				à reporter.			1200 »

Les chiffres 4, 10, 21 et 34, qui figurent dans la colonne de gauche, indiquent le *folio* du grand-livre où se trouvent les comptes de *March. générales, Caisse, Effets à recevoir* et *Profits et pertes*, de même que les chiffres 10 et 8 renvoient aux comptes de *Caisse* et de *Verneuil.* Seulement, pour plus de sûreté, ils ne sont pas placés dans la même ligne : le teneur de livres a eu soin de mettre à gauche ceux des comptes qui *reçoivent*, et dont l'opération constatée en ce moment doit se chiffrer au *débit*, c'est-à-dire à la gauche de leur page au Grand-Livre. Il a mis à droite, par la même raison, le chiffre de renvoi des comptes qui *doivent*, et dont les sommes doivent être portées à droite, c'est-à-dire au *crédit*. Un spécimen du grand-livre fera mieux comprendre encore l'utilité de cette manière de poser les chiffres de renvoi. On a vu que dans l'exemple dont il est question en ce moment, le compte de Caisse figure deux fois, une fois comme recevant, une autre fois comme donnant. Or, voici comment ces deux articles se trouvent reportés au f° 10 du grand-livre, représenté ici :

Doit					CAISSE			Avoir		F° 10
1854	janv.	20	à Verneuil.	400 »	1854	janv.	20	Par M. gles.		400 »

On voit que les pages du grand-livre sont séparées en deux par un filet double. Chaque partie est destinée, l'une au *débit*, sous le mot DOIT, l'autre au *crédit*, sous le mot AVOIR. Beaucoup de grands-livres ont une page pour le débit et une autre pour le crédit, mais le *recto* et le *verso* sont en regard, ce qui revient au même, et le nom du compte (*Caisse*) est alors inscrit moitié sur une page, et moitié sur l'autre. Le grand-livre, dans ce dernier cas, est plus lourd et plus incommode ; mais cela ne change rien au mode d'inscription des articles, et nous y revenons. Chaque partie est divisée en six ou sept colonnes, dont voici l'emploi. Les trois premières sont destinées à l'enregistrement de la date des opérations, en énonçant d'abord l'année, puis le mois, ensuite le quantième | 1854 | janvier | 20 | La colonne du milieu indique, à gauche, le nom du compte qui donne, précédé de la préposition *à* | à Verneuil | ce qui, si l'on se reporte à la physionomie de la page, signifie assez clairement : *le 20 janvier 1854, la caisse a reçu de Verneuil, la somme de 400 fr.* La colonne du milieu, à droite, indique au contraire le compte qui reçoit, précédé du mot *par* | par March. g^les^ | ce qui signifie, moins clairement, il est vrai, que dans l'autre cas : *le 20 janvier 1854, la caisse a donné, pour achats de marchandises au comptant, la somme de 400 fr.* A l'extrémité droite se trouvent deux colonnes, souvent trois, mais la troisième ne trouvera son explication qu'à une autre occasion. De ces deux colonnes, la première, plus petite, reçoit le *folio* du journal d'où on a extrait l'article, et ce chiffre sert à recourir à la source, si l'on a besoin de plus amples renseignements que ceux donnés si brièvement dans la colonne du milieu. La dernière colonne, comme on a pu le deviner aisément, contient la somme de l'article relevé au journal.

On doit commencer à comprendre que le grand-livre est le résumé, classé par comptes, des articles du journal, et que ce classement est des plus aisés quand les opérations sont bien traduites sur ce dernier livre, quand surtout les chiffres de renvoi au grand-livre sont bien posés, soit à gauche, soit à droite, suivant que les sommes doivent figurer au débit ou au crédit des comptes.

Il nous reste à parler d'un petit livre, nommé *Répertoire*, et qui n'est que la table alphabétique des comptes renfermés dans le grand-livre. On consacre ordinairement deux pages au moins à chaque lettre de l'alphabet, *recto* et *verso* en regard : d'un côté on inscrit tous les noms des comptes qui représentent les créanciers, et de l'autre les débiteurs : on divise aussi les clients suivant les localités (Paris, départements, étranger). Ces modes n'ont rien d'obligatoire ; mais ils aident beaucoup dans le travail, ainsi que nous le ferons voir plus tard. Chaque fois qu'un compte nouveau apparaît au journal, et nécessite par conséquent l'ouverture d'une page au grand-livre, on l'inscrit immédiatement au répertoire, à sa lettre alphabétique, avec l'indication du *folio* du grand-livre qui lui est destiné. Et quand plus tard on a inscrit au journal un certain nombre d'articles à la fois, c'est à l'aide du répertoire que l'on pose, à droite et à gauche, les folios de renvoi qui serviront à les reporter au grand-livre.

Le lecteur connaît maintenant, en théorie, le mécanisme ordinaire de la tenue des livres. Mais il ne faut pas lui dissimuler combien il est encore éloigné de la pratique. Et il ne faut pas lui cacher non plus que sur ce dernier point, on ne saurait exiger de lui trop de savoir en arithmétique, trop d'esprit d'ordre, de tranquillité, d'absence complète de toute préoccupation étrangère à son travail, toutes choses que le meilleur des livres serait impuissant à lui donner.

3*

Avant d'aller plus loin, et d'entrer dans les détails pratiques du travail du teneur de livres, nous invitons ceux qui nous lisent à ne plus se contenter de nous suivre des yeux, et à ne pas s'en fier à leur mémoire pour retenir ce que nous allons leur exposer. Il est indispensable, pour que nos leçons portent fruit, qu'elles soient *exécutées* en même temps que lues et comprises. Avec une main de papier, une règle, un crayon et une plume, on se créera aisément les livres qui entrent le plus ordinairement dans la comptabilité commerciale : un livre d'achats, un livre de ventes, un livre de payements et un livre de recettes, un carnet d'échéances d'effets à recevoir et à payer, un journal, un grand-livre et son répertoire, le tout conforme aux modèles que nous allons donner en simulant une tenue de livres.

On copiera d'abord nos livres d'achats, de ventes, de payements et de recettes; puis on devra essayer, à l'aide des théories que nous avons précédemment exposées, d'en passer les articles au journal, et l'on corrigera, par le modèle que nous donnerons à la suite, les erreurs que l'on aura probablement commises. Puis on reportera les articles du journal au grand-livre, et on trouvera encore dans notre grand-livre le contrôle de ces opérations. Viendra après la théorie des inventaires, que l'on exécutera pratiquement et dont on trouvera les modèles dans la dernière partie de ce livre. Si ensuite le lecteur est assez fort pour simuler d'autres opérations, et leur faire suivre la filière qui vient d'être indiquée, il trouvera dans ces exercices l'habitude, la célérité, l'exactitude, toutes les qualités, en un mot, qui, après la théorie, font le teneur de livres.

Nous supposons que le sieur Dubois, épicier en demi-gros à Paris, nous a chargé de tenir ses écritures. Nous avons choisi ce genre de commerce, parce qu'il touche à beaucoup d'industries importantes, et que le *demi-gros* résumant à la fois le gros et le détail, nous fournira plus ample matière à enseignements.

Nous supposons également une entrée en commerce, parce que l'ouverture des livres exige plus de connaissances que leur continuation.

Disons quelques mots d'abord de la situation de notre commerçant : ce sont des détails qui ont leur importance. M. Dubois est majeur et célibataire, ce qui ne lui impose aucune formalité préalable pour l'exercice de son commerce. Mais s'il eût été mineur, quatre conditions indispensables étaient requises pour qu'il pût traiter les affaires avec sécurité pour ses vendeurs.

1º Il aurait dû être *émancipé*, dans les formes prescrites par la loi, si toutefois un mariage antérieur ne l'eût émancipé de fait;

2º Il aurait dû avoir dix-huit ans accomplis;

3º Il lui aurait fallu l'autorisation de son père, ou, à son défaut, celle de sa mère, ou enfin, à défaut du père ou de la mère morts, interdits ou absents, une autorisation du conseil de famille homologuée par le tribunal civil;

4º Cette autorisation aurait dû être transcrite sur un registre au greffe du tribunal de commerce, ou du tribunal civil, qui le remplace dans certaines localités, et affichée dans la salle d'audience du tribunal.

Sans l'accomplissement de ces conditions, le mineur peut exercer le commerce *de fait*; mais ceux qui traitent avec lui s'exposent, s'il est de mauvaise foi, à le voir opposer à ses créanciers, en cas de poursuites, les priviléges de la minorité, et décliner la juridiction commerciale.

Puisque nous en sommes aux conditions préalables de l'ouverture du commerce, disons quelles sont les obligations imposées à la femme mariée qui veut se faire marchande. Il lui faut le consentement de son mari, et ce consentement entraîne la solidarité du mari, même jusqu'à la contrainte par corps, si les époux sont mariés sous le régime de la communauté. Le mari dont la femme exerce un commerce se trouve de fait son associé, par suite de la communauté qui existe entre eux, quand bien même il resterait étranger à ce commerce.

Toute modification apportée à la situation d'un commerçant par suite de mariage, doit être rendue publique, afin que les personnes qui auraient à traiter avec lui sachent à quoi s'en tenir. Ainsi, l'art. 67 du code de Commerce dispose que « tout contrat de mariage entre époux dont l'un sera « commerçant, sera transmis par extrait, dans le mois de sa date, aux « greffes et chambres désignées par l'art. 872 de procédure civile, pour être « exposé au tableau, conformément au même article. Cet extrait annoncera « si les époux sont mariés en communauté, s'ils sont séparés de biens, ou « s'ils ont contracté sous le régime dotal. » C'est le notaire qui, sous peine d'amende, doit transmettre cet extrait.

D'après l'art. 66, tout jugement portant séparation de corps entre deux époux, dont l'un est commerçant, doit être soumis à la même formalité.

« Tout époux, dit l'art. 69, séparé de biens, ou marié sous le régime do« tal, qui embrasserait la profession de commerçant postérieurement à son « mariage, sera tenu de faire pareille remise dans le mois du jour où il aura « ouvert son commerce, à peine, en cas de faillite, d'être puni comme ban« queroutier frauduleux. »

Si nous ajoutons que le banqueroutier frauduleux est passible des travaux forcés à temps, nous aurons fait comprendre l'importance, pour le négociant, de satisfaire aux obligations que nous venons d'énumérer.

Revenons à l'ouverture des livres de M. Dubois.

Toute ouverture de livres exige au préalable un *inventaire*, ou récolement des valeurs composant l'*actif*, avec indication des dettes, ou *passif*, s'il en existe.

Rien de ce que possède ou doit le négociant ne peut échapper à la classification de l'inventaire, car la législation commerciale, qui le place hors du droit commun, exige de lui la plus grande loyauté dans l'énonciation du gage qu'il apporte à ses créanciers. Immeubles, valeurs financières, espèces, meubles, linge, argenterie, bijoux, etc., tout doit être scrupuleusement indiqué, pour sa valeur réelle, dans le premier inventaire, et rappelé dans les inventaires qui se suivront d'année en année. Le teneur de livres, en raison de cette obligation, devient le confident forcé de la situation véritable du négociant, et la discrétion, on le conçoit, est une des vertus de son état. Aussi les commerçants qui savent tenir une comptabilité se réservent-ils la tenue du livre des inventaires, afin de ne confier à personne le secret de leur force ou de leur faiblesse.

Nous supposons que tel n'est pas l'avis de M. Dubois. Il n'a rien à céler de sa situation : possesseur d'une somme de 50,000 fr., il a acheté, moyennant 20,000 fr., un fonds de commerce, clientèle et matériel d'exploitation, ledit fonds garni de marchandises qui, à dire d'experts et au cours du jour, ont été estimées 43,000 fr. Il a payé comptant les marchandises, et les 7,000 fr., qui lui restaient sont déposés dans sa caisse à titre de fonds de roulement. Quant aux 20,000 fr. du fonds, il les a *réglés* en deux billets de 10,000 fr. chaque, le premier à l'échéance d'un an, le second payable un an après le premier.

M. Dubois possède en outre :

Une maison à Paris, estimée 48,000 fr. ;

Un mobilier, des bijoux, de l'argenterie, pour une somme de 10,000 fr.;

Des actions de chemins de fer (10 actions du Nord), évaluées au 1er janvier 1854, jour de l'entrée en commerce, à 875 fr. chaque, soit 8,750 fr.

Le matériel d'exploitation qu'il a acheté avec la clientèle vaut 6,000 fr., ce qui réduit à 14,000 le prix du fonds proprement dit.

Avec ces éléments, rien n'est plus facile que d'établir son premier inventaire. Voici la note qu'il en a donnée et que le teneur de livres a classée par *actif et passif.*

ACTIF (1).

March. en magasin, suivant inventaire.................	43,000 »
Espèces en caisse.............................	7,000 »
Matériel d'exploitation.....................	6,000 »
Clientèle et fonds...........................	14,000 »
Maison à Paris..............................	48,000 »
Mobilier, bijoux, etc.........................	10,000 »
Fonds publics................................	8,750 »
	136,750 »

PASSIF.

Deux billets à ordre, au 1er janvier 1855 et au 1er janvier 1856, souscrits pour payement de la clientèle et du matériel, à l'ordre de Girod le prédécesseur.............	20,000 »
Différence ou CAPITAL.............	116,750 »

(1) Nous avons déjà dit, et nous le répétons, qu'il ne faut pas confondre l'*actif*, bien que nous le définissions « ce que possède le négociant, » avec ce qui lui appartient en propre. Ce dernier chiffre, qu'on nomme *capital*, se compose de la différence de l'actif et du passif. On voit par l'exemple ci-dessus, que M. Dubois. qui accuse un actif de 136,750 fr., n'est possesseur que d'un capital de 116,750 fr., puisque son actif est grevé d'un passif de 20,0 0 fr.

C'est donc avec un capital de 116,750 fr. que M. Dubois *commence les affaires*. C'est à constater chaque année l'augmentation ou la diminution de ce capital primitif que sont destinés les inventaires annuels ordonnés par la loi. Chaque inventaire relatera, d'après les livres, les modifications survenues dans les divers articles de l'actif et du passif; les marchandises en magasin seront, au 1er janvier 1855, plus nombreuses ou moins nombreuses qu'à ce premier inventaire; le mobilier aura diminué ou augmenté de valeur, la caisse de roulement sera plus riche ou plus pauvre; les immeubles, les actions, auront gagné ou perdu de leur estimation primitive, etc., etc.

Le passif aura subi, lui aussi, d'importantes variations. Aux billets à payer seront venus se joindre les achats non soldés, etc. Bref, la différence d'alors entre le passif et l'actif donnera un chiffre qui, s'il est supérieur à celui de 116,750, capital actuel, constituera le négociant en bénéfice de la différence, ou en perte, s'il lui est inférieur. Nous expliquerons plus tard la manière de procéder à cet égard.

Pour en revenir à ce que nous avons maintenant à faire, il faut se reporter de l'inventaire précédent au premier feuillet du *Journal*, où nous allons *passer* les articles contenus dans cet inventaire. C'est le compte CAPITAL qui figure pour l'actif et le passif. Caisse, Marchandises, Mobilier, etc., ont reçu . les valeurs qui les composent. En vertu du principe *qui reçoit doit*, ces trois comptes doivent; mais à qui? A *Capital*, qui les a fournies. De même, *Capital* doit au compte d'*Effets à payer* les billets souscrits, mais non encore acquittés, par M. Dubois pour solde du fonds de commerce.

Ces préliminaires achevés, nous allons entrer en pleine opération commerciale et ouvrir les livres auxiliaires dans lesquels nous puiserons les éléments de la comptabilité. Et pour ne rien interrompre par nos explications, nous figurerons ces livres, ainsi que le journal, sur la page impaire (le recto) de notre traité, réservant la page paire (le verso) pour les renseignements à donner.

Nous rappellerons à notre lecteur l'invitation déjà faite de prendre une plume et des livres réglés, et de passer lui-même les articles sur un journal qu'il comparera plus tard avec celui que nous donnons, afin de s'assurer s'il a bien ou mal compris les définitions..

EXPLICATION

SUR LES

MODÈLES DE BULLETINS DE LIVRAISON.

Nous avons dit, en commençant ce livre, qu'il était d'usage de recevoir, avec la livraison des marchandises, au lieu d'une *facture*, un *bulletin* portant seulement le poids ou la mesure, ou la contenance, avec l'indication des déductions à faire pour *tare*; le prix des marchandises au kilo, ou au mètre, ou au litre; la remise ou escompte de tant pour 100; le terme de payement, et généralement toutes les conditions auxquelles la vente a été conclue (prix de voiture, de transport par navire, à payer ou à déduire, etc., etc.)

Les trois bulletins en regard feront mieux comprendre notre définition. Le 2 janvier, le voiturier de Marie, de Meaux, en apportant à M. Dubois 9 tambours (caisses) de vermicelle, lui a remis le bulletin qui figure en tête. Les chiffres de la marge indiquent les numéros d'ordre et la marque inscrite sur chacun des tambours; la colonne d'ensuite porte le poids brut, celle d'après, la tare. Après vérification faite du poids de chacun des tambours, M. Dubois a reconnu qu'il avait bien acheté ce vermicelle au prix de 74 fr. les 100 kilog., payable à 30 jours de date, sous escompte de 2 pour 100. Le commis aux écritures a procédé alors à l'addition du poids brut, puis à celle de la tare, qu'il a soustraite de la première pour obtenir le poids net. Il a multiplié ce poids net (264 kil. 3 hect.) par 74 fr., ce qui lui a donné 195 fr. 60 c. Il a soustrait de cette somme l'escompte de 2 pour 100, soit 3 fr. 90 c.; il est resté 191 fr. 70 c., auquel il a fallu ajouter le prix des 9 tambours à 75 c., soit 6 fr. 75 c. Le total de la facture s'est élevé à 198 fr. 45 c. Elle a été copiée immédiatement sur le *livre d'achats* (voir au f° 1 de ce livre), avec indication de payement au 2 février. Cette date de payement a été inscrite sur-le-champ au *carnet d'échéances de factures* (voir ce carnet). Quant au bulletin de livraison, après avoir reçu son chiffre d'inscription au f° 1 du livre d'achats, il a été placé dans un carton, où il devra rester jusqu'au payement de la facture qu'on présentera à M. Dubois le 2 février. Si cette dernière n'était pas conforme dans ses chiffres aux livres de M. Dubois, on recourrait au bulletin pour reconnaître de quel côté on s'est trompé.

Les deux bulletins suivants, sauf la forme, ne diffèrent guère du premier. Celui de Jeanti-Prévost indique que la vente a été faite *sans remise*, et détermine nettement le jour du payement. Dans celui de Cottereau, la tare est une *tare d'usage*, un sixième du poids brut. Ce sont là, du reste, des choses qui sont aussi variables que les genres de commerce, et que l'expérience peut seule faire connaître.

Fᵒ.   **MARIE**
QUAI ET COUR NAPOLÉON, A MEAUX.

M. DUBOIS, A PARIS, DOIT
Pour vente et livraison de ce qui suit, payable à 30 jours, 2 p. %.

——— Meaux, le 2 janvier 1854. ———

Nᵒˢ	POIDS brut.		Tare.		
	K	H	K	H	
D 424	32	5	4	7	
425	33	»	4	6	
426	35	»	4	6	
427	35	5	4	5	
428	33	3		3	5 tambours vermicelle 6 blanc.
512	34	2	4	2	
513	34	6	4	5	
514	33	3	4	4	
515	33	5	4	8	4 dᵒ 10 jaune.

Net   k.   h. vermicelle à 74 »
9 tambours à 75 c.
2 °/₀
Valeur

Fᵒ.   **JEANTI et PREVOST**
VENDU ET LIVRÉ A M. DUBOIS, A PARIS
Payable le 23 janvier courant.

——— Paris, le 3 janvier 1854. ———

		F.	C.	
20	Pains de sucre raffinade			
	belle sorte. kᵒˢ 159 »	155	50	
30	dᵒ moulés beaux. 100 50	145	50	
	Sans remise.			

Fᵒ 1   Paris, le 4 janvier 1854,
Doit M. DUBOIS
à C. COTTEREAU, *pour vente et livraison à lui faite de ce qui suit,*
payable à 120 jours, et 6 p. %.

1 botte d'huile d'olive surfine.
Brut k.   687 »
Tare ; 1/6.

Net.   à fr. 225
6 p. °/₀.
Vᵗ.

EXPLICATIONS

SUR LA

TENUE DU LIVRE D'ACHATS.

Ce livre se nomme indifféremment : *livre d'achats, copie de factures d'achats, entrée de marchandises*. Dans certains commerces, outre le livre d'achats et celui de ventes, on a le *livre de magasin*. Mais il faut qu'il s'agisse de marchandises sortant en gros comme elles sont entrées, les vins, par exemple. Sur une page de ce livre est indiquée l'entrée : les pièces de vin y sont enregistrées par marque et contenance ; sur l'autre page on note la sortie de façon qu'à l'inventaire ce qui reste en magasin soit conforme à l'excédant des entrées sur les sorties. La tenue de ce livre est trop simple pour que nous nous y arrêtions plus longtemps, et d'ailleurs il ne sert en rien à la comptabilité.

Notre livre d'achat ci-contre contient à gauche une colonne pour les poids, mesures ou contenances. Des deux colonnes de droite, la première est consacrée aux calculs de chacun des articles divers dont se composent les factures, la seconde à enregistrer leur total. En tête de chaque facture se porte, entre deux filets, la date, puis, au-dessous, le nom du vendeur. Après l'énumération des articles, vient la *valeur*, ou terme de payement, quand ce terme est indiqué ou d'usage. Le petit point qui figure avant le nom du vendeur a été mis par le teneur de livres au moment où il a passé l'article au journal. La croix posée à côté de la *valeur*, signifie que ce terme de payement a été reporté au carnet d'échéances de factures. Il est de règle générale que tout report d'un livre à un autre doit être signalé, sur le livre où l'on prend l'article, par un signe quelconque (point, barre, croix), et sur le livre où l'on reporte, par le folio indicateur du livre où l'on a pris.

Rien n'est plus facile que le *passement* des articles du livre d'achats au journal. On sait que dans tous les achats *à terme*, c'est-à-dire qui ne sont ni soldés en espèces, ni réglés (soldés en billets) immédiatement, c'est le compte de *Marchandises* qui *reçoit*, et conséquemment *doit*, au compte particulier du vendeur, qui *donne :*

Marchandises générales.

à *un tel.*   Sa facture de ce jour........... »

Telle est donc la formule unique dans laquelle se passent tous les articles du livre d'achats, sauf, quand on enregistre plusieurs achats sous la même date, et par suite en un seul article, à modifier la formule comme suit :

Marchandises générales à divers.

à un tel.   S/ fe..................... »   »
» un tel.   do .... »   »
» un tel.   do .... »   »

K.	H.				F.	C.		
		— Du 2 janvier 1851.—						
		. Marie de Meaux.						
264	3	Vermicelle.....	à 74	»	195	60		
		2 p. 0|0......			3	90		
					191	70		
		9 tambours.	»	75	6	75	198	45
		+ Valeur 2 février.						
		Du 3 d°						
		. Jeanti et Prevost, de Paris.						
159	»	20 p. sucre......................	155	50	247	25		
100	50	30 d°. ....,..........	145	50	146	20	393	45
		+ Valeur 23 janvier.						
		Du 4 d°.						
		. C. Cottereau.						
572	5	1 botte huile olive................. ..	225	»	1288	10		
		6 p. 0|0......			77	30	1210	80
		+ V 4 mai.						
		Du 6 d°.						
		. Daclin.						
43	75	32 pains from. Hollande....,...........	220	»	95	15		
116	»	Gruyère.....................	124	»	143	85		
125	»	Mont-d'Or	132	»	165	»	404	»
		Du 9 d°.						
		. Cottereau.						
500	»	Chandelle........'............	160	»			800	»
		+ V 9 mai.						
		D°.						
		. Barre.						
205	»	1 baril potasse......................	38	»	100	70		
		3 p. 0|0......			3	»	97	70
		Du 13 d°.						
		. Lapostolet.						
		2 tierçons riz.....................	66	»	132	»		
		3 hectol. haricots suisses blancs........	48	»	144	»		
		Sacs.............			10	»	286	»
		Du 18 d°.						
		. G. Claudon, de Bordeaux.						
	610	Litres 3|6...........................	201	»	1286	40		
	668	D°.	182	»	1215	75	2502	15
		+ V 18 mai.						
		Du 20 d°.						
		. Barre.						
200	»	Sel blanc.....................	20	»			40	»
		D°.						
		. Lapostolet.						
50	»	Semoule....	68	»	34	»		
50	»	Farine	62	»	34	»		
		2 hect. lentilles	43	»	86	»	151	»

On remarquera que notre tenue de livres fictive embrasse un espace de cinq mois seulement. Nous n'avons pas voulu allonger indéfiniment ces pages en supposant une année d'opérations, comme il aurait fallu le faire pour la parfaite exactitude des choses, les inventaires se faisant généralement d'année en année, suivant les prescriptions de la loi. Cependant certains négociants font un inventaire semestriel, lorsqu'ils ont besoin de connaître plus fréquemment leur situation.

Il est une autre remarque que nous devons faire faire au lecteur. Dans les deux premiers mois de notre tenue de livres, nous nous sommes rigoureusement conformés à la *lettre* de la loi, qui veut que les opérations soient enregistrées *jour par jour*. Mais pour les mois de mars, avril et mai, nous avons suivi, pour plusieurs raisons, une autre marche. La première raison, c'était de ne point multiplier outre mesure des écritures toutes semblables, et dont la pratique, après les deux premiers mois, doit être parfaitement connue du lecteur. La seconde, c'est que beaucoup de comptables, s'inspirant plus de l'esprit de la loi que de son texte, laissent les livres auxiliaires satisfaire à l'enregistrement *quotidien* des opérations, et passent ces dernières au journal, tantôt par semaine, tantôt par dixaine, par quinzaine, et quelquefois par mois. C'est ce dernier mode que nous avons suivi pour les trois derniers mois, non pas que nous le conseillions comme exemple; mais parce qu'il est bon que notre élève connaisse les différents systèmes en usage, et se retrouve au cas où il serait appelé à suivre une tenue de livres dans ces diverses conditions. D'ailleurs, ce relevé des articles de mars, avril et mai, mois par mois, lui apprendra comment il devrait opérer si les articles de ce trimestre, par exemple, se présentaient en trois jours au lieu de trois mois, comme il arrive dans beaucoup de maisons importantes.

Le mode suivi étant le même, nous n'aurons rien perdu à l'exposer.

La formule pour passer les achats mois par mois est la même que pour plusieurs achats faits dans un jour, à cette différence près que le nom de chaque vendeur est suivi de la date de la vente, date qu'il faut avoir bien soin de reporter au Grand-Livre, au lieu de la date de tête, qui est la dernière du mois, et ne se réfère qu'au compte de Marchandises. Exemple pour le mois de mars ci-contre :

Du 31 mars.

March. générales à Divers .

A Barre.	s/fe du 6 mars.........	92 »	
» Claudon.	d° du 11 »	1128 25	
» Lapostolet.	d° du 24 »	43 15	
» Barre.	d° du 31 »	242 10	1505 50

Du 4 février.

. Dubois.

47	50	Bougie 1re, n° 2..........................	à		270	128	25			
27	50	id. n° 3..........................			250	68	15			
15	»	Id. 2e.			230	34	50			
12	50	id. 1re, n° 1..........................			290	36	85	267	75

Du 8 d°.

. Jeanti et Prevost.

150	50	20 p. sucre		156	5	235	55	
123	»	20 id.		148	5	184	15	419	70

+ Vr 28 février.

Du 14 février.	. Dubois.............................	129	10
d°.	. Marie.............................	407	»
d°.	. Daclin	77	50
Du 6 mars.	. Barre	92	»
Du 11 d°.	. Claudon	1128	25
Du 24 d°.	. Lapostolet.............................	43	15
Du 31 d°.	. Barre	242	10
Du 15 avril	. Marie.............................	807	75
d°.	. Jeanti et Prevost	144	»
Du 24 d°.	. Cottereau.............................	901	20
Du 30 d°.	. Evrard.............................	46	»
Du 10 mai.	. Daclin.............................	1080	»
d°.	. Cottereau	2807	45
Du 20 d°.	. Marie.............................	412	»
Du 24 d°.	. Dubois.............................	23	»
d°.	. Lapostolet	77	10
d°.	. Daclin	49	30
d°.	. Cottereau.............................	800	»
Du 24 d°.	. Barre	410	»
Du 26 d°.	. Jeanti et Prevost.....................	97	25
d°.	. Dubois.............................	111	»
d°.	. id.	17	»
Du 28 d°.	. Cottereau.............................	28	40
Du 29 d°.	. id	110	25
Du 30 d°.	. Marie.............................	71	40
Du 31 d°.	. Barre.............................	7	20
d°.	. id.	23	»
d°.	. Evrard.............................	8	15
d°.	. Lapostolet.............................	7	»

EXPLICATIONS

TENUE DU LIVRE DE VENTES.

On peut encore nommer ce livre *Copie de factures de ventes*, ou *Sortie des marchandises*. Sa réglure est la même que celle du livre d'achats, et les observations sur les poids et les prix étant les mêmes, nous n'avons pas à les répéter. Dans le cas où les ventes seraient faites à terme, on en porte la *valeur* à la fin, et cette date de payement est portée au carnet d'échéances de factures de ventes. (Nous n'avons pas jugé nécessaire de donner un modèle de ce dernier, sa forme étant absolument la même que celle du carnet d'échéances pour les achats.)

Nous nous sommes bornés, pour abréger, à donner les détails des marchandises vendues dans les deux premières factures seulement, bien que le livre de ventes doive les relater constamment. Nous répétons ici ce que nous avons déjà dit pour les calculs des factures; il est très-utile que deux personnes les fassent. Voici généralement comment on procède. La *commande* est transcrite sur le livre de ventes : elle ne comprend d'abord que les natures de marchandises, et le prix auquel on est convenu de les vendre. Les poids, mesures ou contenances sont ensuite ajoutés au fur et à mesure. En cet état, la facture est copiée et donnée à un second commis qui en fait les calculs et l'addition. La personne qui tient le livre de ventes fait de son côté la même opération, et si le résultat est identique, c'est qu'aucune erreur ne s'est produite.

C'est ici le lieu de recommander de nouveau la plus grande exactitude quant à l'orthographe des noms, et l'on ne doit pas oublier non plus l'adresse bien exacte de chaque nouvel acheteur auquel on ouvre un compte.

La formule de toutes les ventes à terme est uniforme comme celle des achats. Cette fois, c'est le compte de *marchandises* qui donne, et les acheteurs qui reçoivent. Ces derniers *reçoivent*, donc ils *doivent :* d'où suit la formule :

      Un tel

      A March. générales, ma facture.................... »   »

Et pour le cas, beaucoup plus fréquent, où plusieurs ventes sont enregistrées sous la même date, on écrit :

      Divers à March. générales.

    Un tel.   Ma facture............................ »   »
    Un tel.   Id.   .... »   »

K.	D.			F.	C.	F.	C
		Du 2 janvier 1854.					
		. Georges.					
148	50	18 p. sucre...............................	155	230	15		
15	65	2 d° raff..........................	160	25	05		
		1/2 baril huile épurée.					
		Bt 54 2					
		T° 11 5	net 42 7 à................	127	54	20		
10	»	Café Martinique	260	26	»		
10	»	Vermicelle............................	75	7	50		
200	»	Sel gris..............................	18 50	37	»		
5	»	Chocolat n° 1.........................	200	10	»		
3	80	1 calotte groseille..................	120	4	55		
		2 sacs...............................		4	»		
		1 calotte............................		2	»		
				400	45	400	45
		Du 4 d°.					
		. Hilaire.					
37	50	Chandelle.............................	141	52	85		
3	»	Poivre................................	190	5	70		
3	»	Chocolat	300	9	»		
150	»	Sel gris..............................	19	28	50		
				96	05	96	05
		Du 8 d°.					
		. Thomas.					
						1017	45
		Du 10 Vandamme......................				579	»
		Du 12 Evrard........................				842	30
		Du 15 id.				742	20
		Du 20 Hilaire......................				1520	95
		id. Georges......................				63	25
		id. Vandamme				688	70
		id. Georges......................				224	10
		Du 31 id.				823	20

4*

Ce que nous avons dit, à propos du livre d'achats, sur la manière dont nous avons passé les articles des mois de mars, avril et mai, s'applique également au livre de ventes, ainsi qu'aux livres de payements et de recettes. La formule est la même que s'il s'agissait de passer plusieurs articles le même jour, sauf que chaque vente doit porter sa date spéciale, reportée au compte de chaque acheteur. Le compte général (Marchandises) qui les résume en un seul total, porte la date de la dernière vente. Soit pour exemple le mois d'avril, on écrira :

— Du 27 avril. —

Divers à March. générales.

Georges.	m / f^c du 1er avril.........	95 20	
Vandamme.	d° du 6 »	100 50	
....	....	......	
Evrard.	d° du 25 »	152 »	
Vandamme.	d° du 27 »	409 »	......

Et l'on portera au *débit* de Georges, au Grand Livre, la date du 1er ; au débit de Vandamme, celles du 6 et du 27 ; au débit d'Évrard, la date du 25, pour chacune des sommes contenues dans la colonne intérieure du journal. Le *crédit* de Marchandises générales, au contraire, portera la somme totale des factures d'avril, sous la date du 27 avril.

Nous n'avons additionné ni le livre d'achats ni le livre de ventes, parce que cette addition, faite en totalité pour les cinq mois, ne peut servir à aucun contrôle. S'il n'entrait que des ventes ou des achats à terme au compte de marchandises, cette addition pourrait être utile ; mais il entre encore à ce compte les marchandises vendues et achetées au comptant, les marchandises rendues au vendeur ou rendues par les acheteurs, opérations qui sont comprises dans les livres de recettes et de payements.

Quand on relève à la fois plusieurs achats ou ventes, on peut les additionner, pour contrôler l'addition de ces mêmes articles au Journal. C'est ce que nous avons fait ci-contre pour le mois de mai seulement. La somme de 8521 fr. 25 c., produit de cette addition, se retrouvera en effet au folio 6 du Journal.

Date	Nom		
Du 2 février.	Evrard	2011	25
Du 6 id.	Georges	140	05
d°.	Hilaire	209	25
d°.	Thomas	414	10
Du 11 id.	Georges	60	60
Du 27 id.	Id.	23	25
Du 5 mars.	Id.	12	»
d°.	Vandamme	1811	75
d°.	Evrard	150	»
d°.	Georges	43	15
Du 10 id.	Id.	22	95
Du 11 id.	Id.	17	10
Du 17 id.	Evrard	529	»
Du 23 id.	Thomas	610	25
Du 25 id.	Georges	903	10
d°.	Hilaire	17	15
Du 1er avril.	Georges	95	20
Du 6 id.	Vandamme	100	50
Du 8 id.	Georges	28	80
Du 17 id.	Id.	14	60
d°.	Evrard	4237	15
d°.	Id.	78	»
d°.	Hilaire	8	20
Du 24 id.	Georges	63	15
Du 25 id.	Evrard	152	»
Du 27 id.	Vandamme	400	»
Du 2 mai.	Hilaire	18	25
d°.	Georges	43	10
Du 4 id.	Id.	12	05
Du 11 id.	Evrard	3104	»
Du 20 id.	Id.	414	»
d°.	Georges	28	75
d°.	Thomas	19	05
d°.	Vandamme	4023	35
d°.	Hilaire	12	05
Du 28 id.	Georges	70	10
Du 29 id.	Id.	140	»
Du 31 id.	Id.	629	95
		8521	25

EXPLICATIONS

TENUE DU LIVRE DE PAYEMENTS.

Dans ce livre, ainsi que dans celui de recettes, viennent se placer un certain nombre d'opérations assez complexes, mais qui pourtant se résument toutes en un payement ou une recette. La première recommandation que nous ayons à faire au sujet de ces livres, c'est de ne jamais porter dans la colonne de droite que les payements ou recettes en espèces (or, argent ou billets de banque), ce qui fait de cette colonne, dans l'un et l'autre livre, un équivalent du *Livre de Caisse*, dont on se sert encore quelquefois. Les enregistrements d'effets à payer ou d'effets à recevoir, et les rabais, qui figurent dans les livres de recettes et de payements, constituent, dans certaines comptabilités, un livre à part, dit de *Traites et remises*. Mais l'emploi de ce dernier livre est plus compliqué qu'utile, et nous conseillons fort de s'en tenir à ceux dont nous donnons les modèles.

L'enregistrement des payements est fort simple : la date d'abord, puis le motif du payement, ou le nom du vendeur ; les dates, s'il y a lieu, des factures qu'on acquitte. On ressort de suite dans la colonne de droite le montant de ces factures, si elles sont payées en espèces pour une somme égale à celle inscrite sur les livres. S'il y a des différences, on met, après le nom du vendeur, et en dedans de la colonne de droite, le total de la facture tel qu'il est inscrit au Grand-Livre, après quoi on énumère au-dessous les rabais, les effets à recevoir donnés en payement, ou les effets à payer souscrits pour le même objet. Voir, par exemple, l'article du 14 mars, qu'on peut traduire ainsi :

« Le 14 mars, j'ai payé à Marie sa facture du 14 février, montant à 407 fr.
« Je lui ai donné 400 fr. espèces, et j'ai obtenu le rabais du surplus. »

L'article du 15 janvier donne un exemple de la manière d'inscrire un *règlement*. Dans ces cas, il ne faut pas oublier d'enregistrer immédiatement le billet souscrit, qui porte le nº 3, au *carnet d'échéances* des *effets à payer*, dont on trouvera plus loin le modèle. La croix qui se trouve en tête de la seconde ligne indique que cet enregistrement a été fait.

L'article du 5 mai prévoit le cas où un vendeur reçoit en payement un *effet à recevoir*. Il faut qu'après avoir inscrit ce payement, le teneur de livres le reporte de suite au *carnet d'échéances d'effets à recevoir* (voir le modèle) et inscrive dans la colonne de sortie de la ligne où cet effet a été enregistré à son entrée, la mention suivante : *Passé à Jeanti-Prevost le 5 mai*. Une croix indique que cette formalité a été accomplie. De même pour toute opération analogue.

1854				
Janvier.....	2	. Etrennes à divers............................		60 ⟩
	⟩	. Loyer, 6 mois d'avance......................		800 ⟩
	10	. Assurances...............................		72 ⟩
	⟩	. Abonnement au journal.....................		20 ⟩
	15	. Daclin. Solde du 6 janvier............	404 ⟩	
		+ En m/bt à s/o au 28 février (n° 3).............		⟩ ⟩
	23	. J. Prevost. Soldé sa f^re du 3 courant.............		393 45
	31	Achats au comptant du mois.................		78 ⟩
Février.....	2	. Marie. Soldé sa facture du 2 janvier...........		193 45
	10	. Achat d'une pendule......................		140 ⟩
	23	. Payé m/bt o/Daclin......................		404 ⟩
	⟩	. Achats au comptant du mois................		120 05
	⟩	. J. Prevost. Solde du 8 courant...............		419 70
Mars.......	14	. Marie. S/f^e du 14 février............	407 ⟩	
		Espèces........	400 ⟩	400 ⟩
		. Rabais..........	7 ⟩	
	20	. Claudon. S/f^e du 11 mars.............	1123 25	
		+ En m/bt à s/o au 31 mai (n° 4)................		⟩ ⟩
	31	. Achats au comptant du mois..................		42 ⟩
	⟩	. Dépenses de maison pendant le trimestre.......		670 ⟩
	⟩	. Appointements des commis....................		600 ⟩
Avril.......	10	. Lapostolet. Solde au 24 mars................		480 15
	⟩	. Dubois. d°. au 24 février		396 85
	⟩	. Perdu un billet de banque de 100 fr............		100 ⟩
	15	. Prêté à Evrard.........................		500 ⟩
	⟩	. Barre. S° au 31 mars...............	477 80	
		Espèces........	427 ⟩	427 ⟩
		March^dise rendue..	42 ⟩	
		Rabais..........	8 80	
	30	. Achats au comptant du mois.................		410 75
Mai.........	4	. Cottereau. S/f^e du 4 janvier..................		1210 80
	5	. J. Prevost. S/f^e du 15 avril...........	144 ⟩	
		+ L'effet à recevoir n° 5.	00 ⟩	
		. Espèces........	44 ⟩	44 ⟩
	9	. Cottereau. S/f^e 9 janvier....................		800 ⟩
		A reporter.............		8487 20

L'article du 10 mai offre un cas particulier. Vandamme n'ayant pu payer à l'échéance l'effet n° 2, l'a remplacé par un autre de même somme. Il n'y a pas là un payement proprement dit ; cependant, comme il faut que cette opération soit enregistrée quelque part, et qu'un nouveau billet entre dans le portefeuille, c'est ici qu'est sa place. On verra, par le Journal, que cet article doit être intitulé :

Effets à recevoir à Effets à recevoir.

Et cela parce que c'est le compte d'effets à recevoir qui reçoit le billet renouvelé, et le même compte qui donne le billet échangé contre le nouveau.

Tout mouvement de billets devant être noté au carnet d'échéances, il y a deux choses à faire dans l'exemple que nous venons de citer : 1° enregistrer le nouveau billet n° 7 aux échéances d'effets à recevoir ; 2° mettre en regard de celui n° 2 la mention suivante : *Renouvelé au 10 juin* (n° 7).

On a pu voir également à l'autre page, par les articles des 10 et 15 avril, que les prêts et les pertes s'enregistrent au livre des payements.

On trouvera, du reste, relativement à la formule de *passement* des articles divers de ce livre et du suivant, de nouveaux renseignements dans les explications données à propos du journal.

Quand on passe, comme nous l'avons fait pour mars, avril et mai, en une seule fois les articles d'un mois entier, opération qui peut aussi, comme nous l'avons expliqué à propos du livre d'achats, se présenter pour un seul jour, voici comment on opère :

On relève dans le mois toutes les *sommes* (espèces) payées à divers comptes généraux ou particuliers, et on les inscrit ainsi au journal :

Divers   à   Caisse.

Frais généraux,	(la date)	indication de la dépense.	»
Effets à payer,	*id.*	payé mon billet n°	»
Un tel,	*id.*	(indication des factures soldées.)	
March. générales	*id.*	achats au comptant.	»

Les sommes diverses sont portées chacune au *débit* des divers comptes, sous leur date spéciale, et le total au *crédit* du compte de Caisse, sous la date du dernier jour du mois.

On fait ensuite une opération du même genre pour tous les effets à recevoir passés dans le mois :

Divers   à   Effets à recevoir.

Même chose pour les effets à payer souscrits dans le mois :

Divers   à   Effets à payer.

Même chose pour les rabais et les marchandises rendues :

Divers   à   Profits et Pertes,
ou Divers   à   Marchandises g^{les}.

(*Voir la suite au bas de la page suivante.*)

1854					
		Report.....................		8487	20
Mai.........	10	+ Accepté le renouvellement de l'effet n° 2, sous-crit par Vandamme, par celui n° 7, du 10 mai au 10 juin, sans escompte.......... 500 »			
	15	. Marie. S/f° 15 avril................... 807 75			
		+ M/bt à s/o au 20 ct (n° 5). 500 »			
		. Espèces......... 300 »		300	»
		. Rabais.......... 7 75			
	18	. Claudon. S/f° 18 janvier.......................		2502	15
	20	. Daclin. S/f°° 14 février et ct 10 mai.. 1157 50			
		+ M/bt à s/o au 20 juin (n° 6). 800 »			
		+ L'effet à recevoir (n° 6). 250 »			
		. Espèces......... 100 »		100	
		. Rabais.......... 7 50			
	»	. Remboursé à J. Prevost le billet de Hilaire, n° 5, impayé, avec protêt....................		106	25
	»	. Payé m/bt o/Marie, n° 3.......................		500	»
	25	Cottereau. 24 avril, 8-21 mai......... 4508 65			
		+ Accepté sa traite sur moi au 25 juin.............		»	»
	»	. Barre. Espèces à valoir.....................		300	»
	30	+ Escompté à Evrard un effet Hubert n° 10 de 42 »			
		. Espèces......... 400 »		400	»
		. Escompte....... 20 »			
	31	. Payé m/bt o/Claudon, n° 4.....................		1128	25
	»	. Dépenses de maison (avril et mai).............		514	»
	»	. A compte sur les impôts et la patente..........		100	»
	»	. Achats au comptant du mois		19	25
	»	En caisse, pour balance....................		13390	45
				27847	55

Au reste, que les articles soient réunis ainsi ou passés isolément, le résultat des écritures n'en est nullement changé, et notre lecteur fera bien de s'exercer à les passer jour par jour, semaine par semaine, ou mois par mois.

Quand on clôt le livre de payements, avant l'inventaire, on ajoute après le dernier article le chiffre de la somme restant dans la caisse du négociant. Seulement, cet article ne figure pas au journal, du moins à ce moment. (Il n'est pas pointé dans le modèle ci-dessus.) On additionne ensuite toutes les sommes, y compris cette dernière, et l'addition doit donner exactement le même chiffre que le total du livre de recettes.

EXPLICATIONS

SUR LA

TENUE DU LIVRE DE RECETTES.

Le premier article du livre de recettes doit toujours être le chiffre des sommes en caisse au commencement des opérations, ou au moment de la reprise des comptes après l'inventaire. A ce chiffre viennent successivement s'ajouter toutes les sommes reçues à quelque titre que ce soit. Les recettes en billets à ordre, les rabais, les marchandises rendues par les acheteurs figurent également dans ce livre, mais les chiffres qui les expriment ne doivent pas être ressortis dans la colonne de droite.

Toutes les entrées ou sorties d'effets à recevoir doivent être constatées au carnet d'échéances d'effets à recevoir, et chaque article de ce genre reçoit une croix à l'accomplissement de cet enregistrement, ainsi qu'on peut le voir dans les exemples ci-contre.

Nous avons relevé par mois, et non jour par jour, les opérations des trois derniers mois, comme pour les autres livres, et en suivant la même marche qu'au livre de payements, c'est-à-dire en passant d'abord les sommes reçues sous le titre : *Caisse à Divers*; les billets sous celui d'*Effets à recevoir à Divers*, et les rabais et les marchandises rendues sous les rubriques *Profits et pertes à Divers*, et *Marchandises générales à Divers*.

Les opérations qui sortent du cadre habituel ont été portées, tant dans les payements que dans les recettes, à leur date et à part, et l'on trouvera à cet égard de nouvelles explications dans les notes au bas des pages du *Journal*. Toutefois, l'article Vandamme, du 1er mai, doit être expliqué sur-le-champ. C'est encore un renouvellement comme celui que nous avons enregistré, à la date du 10 mai, au livre des payements. Mais celui-là ayant été fait moyennant un escompte de 2 fr. que la caisse a recueilli, nous l'avons dû porter cette fois aux recettes, et l'inscrire ainsi au Journal :

Divers   à   Divers.

Effets à recevoir à Eff. à recevoir.

Caisse   à Profits et pertes.

En effet, l'opération est complexe : le billet n° 1, non payé par Vandamme, est remplacé par celui n° 4, comme dans le cas dont nous avons parlé plus haut, et l'article doit être passé de même. Mais il reste à tenir compte des 2 fr. que la Caisse a reçus pour ce renouvellement; ces 2 fr. sont un profit : donc *Caisse* doit à *Profits et pertes*. Et pour que cet article, exprimé en deux termes, ne soit pas divisé, puisqu'il s'agit d'une opération unique, nous avons réuni les deux explications sous le titre général : *Divers à Divers*. Au reste, le résultat ne serait nullement changé si on les passait séparément.

Nous répétons qu'on trouvera au *Journal* les explications qui paraîtraient encore manquer ici.

1854				
Janvier.....	2	. En caisse ce jour	7000	"
	8	. Reçu en dépôt d'Evrard........................	1000	»
	15	. Vendu deux actions du chemin de fer du Nord,		
		à 890 fr. chaque...........................	1780	"
	20	. Vendu une vieille voiture.....................	172	»
	31	. Ventes au comptant du mois...................	414	20
Février.. ..	8	. Thomas. P^r solde du 6 courant..................	414	40
	15	. Evrard. Reçu à valoir.......................	10'0	»
	28	. Vente au comptant du mois...................	307	»
Mars	5	. Vandamme, à valoir,		
		+ S/2 billets à m/o, n°s 1 et 2............ 700 »	»	»
	10	. Evrard, espèces à valoir......................	500	»
	30	. Thomas. P^r solde du 23 courant................	610	25
	31	. Vente au comptant du mois..	390	25
Avril	1er	. Georges. S^e de janvier.............. 1511 »		
		M^{se} rendue........ 29 25	1481	75
	15	. Touché les loyers de ma maison...............	700	»
	30	. Evrard. S^e au 17 mars............... 1728 75		
		+ Un bt au 15 mai, n° 3 .... 1000 »		
		Espèces....... 700 »	700	»
		Rabais......... 28 75		
	»	. Vente au comptant du mois...................	301	5'
Mai ,.......	1er	. Georges. S^e de février............... 224 50		
		. M^{se} rendue...... 12 »	212	50
	»	+ Accepté le renouvellement à un mois du billet		
		de Vandamme, n° 1, par celui n° 4. Escompte		
		sur 200 fr.	2	»
	4	. Hilaire. S^e au 25 mars 1843 40		
		. Espèces..... 1480 »	1480	"
		+ Les effets n°s 5 et 6....... 350 »		
		. Rabais 13 40		
	15	. Thomas. S^e du 8 janvier.		
		+ En s/bt à m/o au 20 juin, n° 8....... 1017 45	»	»
	»	+ Touché le bt Evrard, n° 3.....................	1000	»
	20	+ Fait escompter le billet Thomas, n° 8, de 1017 fr.		
		45 c. Reçu espèces 990	990	»
		Escompte..... 27 4		
	»	. Evrard. Espèces à valoir...................	3000	»
	25	. Vandamme. d°...........................	1500	»
	30	. Evrard. d°...........................	2500	»
	»	. Vandamme. S^e au 5 mars.		
		+ En s/bt à m/o au 15 juillet, n° 9...... 9.9 45	»	»
	31	. Vente au comptant du mois............	392	»
			27947	55

5

SUR LA

TENUE DES CARNETS D'ÉCHÉANCES

La bonne tenue des petits livres destinés aux échéances importe beaucoup aux intérêts du négociant. C'est par eux qu'il voit d'un coup d'œil les payements qu'il a à faire, et les recettes sur lesquelles il peut compter. Nous ne saurions donc trop insister sur leur importance. Chaque page de ces carnets, qu'on trouve tout réglés chez les papetiers, comme les autres livres de commerce, est ordinairement destinée à recevoir les échéances d'un mois, et c'est pour abréger que nous avons tout mis sur la même page. Par la même raison, nous n'avons donné qu'un modèle du carnet d'échéances de factures, celles d'*achats* : le carnet de factures de *ventes* étant absolument semblable. La première colonne indique à quel folio du livre d'achats ou de ventes est copiée la facture, ce qui permet, en cas de contestation sur le total au moment du payement, d'y recourir de suite. La seconde colonne est la date de l'échéance (le mois étant en tête de la page). La troisième renferme le nom du vendeur ou de l'acheteur; la quatrième la date de la facture, la cinquième son chiffre. La dernière colonne sert à mentionner le payement.

Chaque fois donc qu'une facture d'achat ou de vente porte un terme (*valeur à telle date*), elle doit être immédiatement portée dans l'un ou l'autre carnet d'échéances de factures. Ces explications doivent suffire.

Dès que le livre de payements constate la souscription d'un effet à payer, et le numéro d'ordre qu'il a dû recevoir, on enregistre cet effet au carnet ci-contre, à la page du mois de l'échéance, en commençant par le numéro d'ordre, la date de la création de l'effet, le nom de la personne à *l'ordre de* laquelle est souscrit le billet, puis le motif de cette création (*à valoir* ou *solde de telles factures*). On met ensuite la date de l'échéance et la somme. La dernière colonne reçoit l'indication du payement ou du renouvellement de l'effet. Une traite acceptée par signature, ou dont on est avisé par correspondance, est considérée comme un effet à payer et enregistrée comme telle, sauf qu'elle ne peut pas recevoir de numéro d'ordre, et qu'au lieu de date de création, elle porte celle de l'acceptation ou de l'avis.

On comprend que ce qui importe surtout dans ces carnets divers, c'est de relater toutes les circonstances que nous venons d'énumérer. Quant à l'ordre dans lequel on les classe, cela importe peu, et si les carnets qu'on trouve chez les papetiers ne ressemblent pas tous aux modèles ci-joints, ils n'en suffisent pas moins aux nécessités de la comptabilité.

F° du livre d'achats	DATE de l'éch**.			F.	C.	
		MOIS DE JANVIER 1854				
1	23	Jeantl - Prevost.	Facture du 3 janvier.	393	45	Payée.
		MOIS DE FÉVRIER				
	2	Marie.	Facture du 2 janvier.	198	45	Payée.
2	28	Jeantl - Prevost	d° du 8 février.	4 9	70	Id.
		MOIS DE MAI				
1	4	Cottereau.	Facture du 4 janvier.	1210	80	Payée.
»	9	D°.	» du 9 d°	800	»	Id.
»	18	Claudon.	» du 18 d°	2502	45	Id.

Modèle du Carnet d'échéances d'effets à payer.

N° d'ordre.	DATE de la création.	ORDRE.	MOTIF.	Echéance.	SOMME.		
		Février 1854.					
3	15 janvier.	Daclin.	S° de la f° du 6 janvier.	28	404	»	Payé.
		Mai.					
4	20 mars.	Claudon.	S° du 11 mars.	31	1,128	25	Payé.
5	15 mai.	Marie.	» 15 avril.	20	500	»	Payé.
		Juin.					
6	20 mai.	Daclin.	S° des 14 févr. et 10 mai.	20	800	»	
Traite.	25 d°.	Cottereau.	S° des 24 avril, 8-21 mai.	25	4,508	65	
		Janvier 1855.					
1	1er janv** 54.	Girod.	Achat du fonds.	1er	10,000	»	
		Janvier 1856					
2	1er janv** 54.	Girod.	Achat du fonds.	1er	10,000	»	

TENUE DU CARNET D'ÉCHÉANCES D'EFFETS A RECEVOIR.

Quand le négociant reçoit un billet à ordre, il le revêt de son timbre, au milieu duquel il place un numéro d'ordre. Après l'enregistrement de ce billet au livre des recettes, on l'enregistre aussi au carnet des Effets à recevoir ci-contre, à la page destinée au mois de son échéance, et dans l'ordre suivant des colonnes : numéro d'ordre, date de la réception du billet, noms et adresse du souscripteur, indication successive des endosseurs, date de l'échéance, et montant du billet. La dernière colonne indique le mode de sortie du billet : encaissement, négociation, passement à divers, ou renouvellement.

Le mouvement des effets à recevoir est l'écueil le plus ordinaire de la tenue des livres, lorsque les livres auxiliaires ne suivent pas rigoureusement la marche de ces billets. Aussi le teneur de livres doit-il s'assurer de temps à autre, par l'inspection de la colonne de sortie du carnet ci-contre, de ce que sont devenus les billets enregistrés. Il arrive souvent qu'un billet n'est pas payé par son souscripteur, et que celui au profit duquel il est créé a dû le rembourser de ses deniers. Dans ce cas, on porte à la colonne de sortie le mot *impayé*. Et le livre de payement doit indiquer ce remboursement, qui se passe ainsi au journal :

Un tel (le débiteur)

A Caisse.   Son billet n°......... impayé...................... »

Quelquefois le billet a été protesté, et il faut ajouter à son montant les frais du protêt, en passant au compte du débiteur la somme totale du principal et des frais.

Nous avons dit à plusieurs reprises dans ce livre comment on devait opérer pour le renouvellement d'un billet par un autre. Cela se passe par :

Effets à recevoir

à Effets à recevoir, le renouv^t du b^t n°.... par celui n°.... (de *un tel*.) »

Lors de l'inventaire, le teneur de livres relève dans le carnet ci-contre le montant des billets qui restent à échoir, ou qui n'ont été ni payés ni renouvelés, et le total de ce relevé doit être égal à la balance (ou différence) du compte d'*Effets à recevoir*.

De même pour le carnet d'échéances d'*Effets à payer*. Le total des sommes restant à payer doit correspondre à la balance de ce compte au grand-livre.

Modèle du Carnet d'échéances d'effets à recevoir.

NUMÉROS D'ORDRE.	DATE DE L'ENTRÉE.	SOUSCRIPTEURS.	DOMICILE.	ENDOSSEUR.	DATE de l'échéance	SOMME.		SORTIE.
		Mai 1854.						
1	5 mars.	Vandamme.	rue Coq-Héron.	lui-même.	1	200	»	Renouvelé au 1er juin (n° 4).
2	id.	id.	»	»	10	500	»	d° au 10 d° (n° 7)
3	30 avril.	Evrard.	»	»	15	1000	»	Encaissé.
5	4 mai.	Hilaire.	»	»	15	100	»	Passé à J. Prevost le 5 mai.
6	id.	id.	»	»	30	250	»	d° à Daclin le 20 mai.
		Juin.						
4	1er mai.	Vandamme.	»	»	1	200	»	
7	10 d°.	id.	»	»	10	500	»	
8	15 d°.	Thomas.	»	»	20	1017	45	Escompté le 20 mai.
10	30 d°.	Hubert.	»	Evrard.	15	420	»	
		Juillet.						
9	30 mai.	Vandamme.	»	»	15	909	45	

5*

POUR LE RÉPERTOIRE

Le Répertoire, dont nous n'avons pu donner ici le *fac simile* exact, est un cahier dont chaque page, et quelquefois plusieurs, sont consacrées à recevoir, dans l'ordre des lettres de l'alphabet, le *folio* de chaque compte au Grand-Livre, dont il devient ainsi la table alphabétique. On y classe le plus souvent pêle-mêle les divers comptes particuliers des vendeurs et des acheteurs, et les *comptes généraux* qui représentent le négociant (ces comptes sont en *italique* dans le modèle ci-joint).

Il vaut mieux procéder comme nous l'indiquons ici : mettre au *verso* des pages les comptes *créditeurs* (ceux des vendeurs), et au bas de la même page les comptes généraux. On classera au *recto* les comptes *débiteurs* (ceux des acheteurs), comme nous l'avons fait ici.

Chaque fois qu'un compte nouveau se présente au *Journal*, le teneur de livres doit lui trouver une place au Grand-Livre, inscrire en tête de la page le nom, bien orthographié, et l'adresse bien exacte de la personne, après quoi il doit immédiatement inscrire ce nom au Répertoire, à la page indiquée par la première lettre de ce nom, et le faire suivre du *folio* indicateur de ce compte au Grand-Livre. De même, lorsqu'un compte a rempli toute une page du Grand-Livre, et qu'il est devenu nécessaire de le reporter à une autre, le nouveau *folio* du compte doit être inscrit immédiatement au Répertoire, à la suite du premier. (*Voir* Hilaire, dans le modèle ci-contre.)

Chez certains commerçants dont les relations sont fort étendues, chaque page du Répertoire est divisée en plusieurs parties. L'une (*verso*) est consacrée aux comptes créditeurs de Paris, une à ceux des départements, une troisième à ceux de l'étranger. De même au *recto* pour les comptes débiteurs. Ces subdivisions sont toujours utiles : elles aident beaucoup aux recherches, et assurent l'exactitude du passement des articles.

Quand on passe au Journal plusieurs articles à la fois, soit par jour, soit autrement, on inscrit en regard, à la fois aussi, les folios indicateurs trouvés au Répertoire; ce qui abrége la besogne. Voir la note AA de la première page du Journal pour la position des chiffres du Répertoire.

RÉPERTOIRE.

Livre-Journal de la maison Dubois.

ANNÉE 1854.

(V)	(A)			
		——— Du 1er janvier (a). ———		
.	11	Divers à Capital.		
		Pr les valeurs suivantes, composant mon actif.		
. 9		Marchandises générales, celles en magasin.. 43,000 »		
. 10		Caisse. Les espèces en caisse....... 7,000 »		
. 12		Matériel d'exploitation, évalué............. 6,000 »		
. 12		Clientèle et fonds, payé................ 14,000 »		
. 12		Immeubles, Ma maison de Paris, estimée. 48,000 »		
. 12		Mobilier, linge, bijoux, argenterie, etc...... 10,000 »		
. 12		Actions. 8 act. du Nord, estimées....... 8,750 »	130,750	»
		——— D°. ———		
. 11		Capital.		
.	11	à Effets à payer, m/2 bts o/Girod, pr solde du fonds		
		et matériel.................................	20,000	»
		——— Du 2 janvier. (b) ———		
. 9		March. générales.		
.	1	à Marie S/fc ce jour.......... 1	193	45
		——— D°. ———		
. 7		Georges (c).		
.	9	à March. générales M/fc ce jour.... 1	400	45
		——— D°. ———		
. 12		Frais généraux.		
.	10	à Caisse. Loyer et étrennes... 1	860	»
		A reporter......	153,203	90

(A A) Les chiffres de renvoi au Grand-Livre sont placés, ainsi qu'on peut le voir, dans deux positions différentes : les uns sont dans la marge extérieure de gauche, les autres dans la colonne qui la suit. Cette méthode est fort utile : elle indique sur-le-champ de quel côté du compte au Grand-Livre doit figurer l'article. Mais il faut aussi que la position de ces chiffres de renvoi soit déterminée avec beaucoup de soin et d'attention. Voici la règle à suivre. La colonne de droite doit porter le chiffre de tout compte *créditeur* (qui reçoit). Le compte créditeur est toujours précédé de la préposition *à*, ou du guillemet qui la remplace. On peut voir, dans toutes les pages du Journal, que tout chiffre porté à droite correspond à cette préposition. Les comptes *débiteurs* (qui reçoivent) sont chiffrés à gauche.

Le pointage qui précède chaque chiffre de renvoi est mis à mesure que chaque article est reporté au Grand-Livre.

(a) Les éléments de cet article et du suivant ne figurent pas dans les livres auxiliaires ; ils ont été communiqués au teneur de livres par une note du négociant (page 35). On voit au premier coup d'œil que cet article : *Divers à Capital* est tout simplement la récapitulation de l'*Actif* du négociant en commençant les affaires. Le second article : *Capital à Effets à payer*, contient son *Passif*.

Après chaque inventaire, le journal se rouvre par deux articles semblables, dont les éléments sont fournis par cet inventaire même, ainsi qu'il sera expliqué plus tard.

(b) Formule pour *passer* écriture d'un achat à un seul vendeur (à terme).

(c) Formule pour une seule vente faite à un seul acheteur (à terme).

		Report......				158,208	90
		———— Du 4 janvier (d) ————					
9		March. g^{les}. à Divers.					
	2	à Jeanti-Prevost. S/f°..........	1	303	45		
	3	» Cottereau. d°............	»	1,210	80	1,604	25
		———— D°. ————					
7		Hilaire.					
	9	à March. g^{les}. M/f°............	1			93	05
		———— Du 6 d°. ————					
9		March. générales.					
	3	à Daclin. S/f°................	1			404	»
		———— Du 8 d°. ————					
8		Thomas.					
	9	à March. gén. M/f°............	1			1,017	45
		———— D°. ————					
10		Caisse (e).					
	6	à Evrard. S/dépôt espèces......	1			1,000	»
		———— Du 9 d°. ————					
9		March. génér. à Divers.					
	3	à Cottereau. S/f°..............	1	800	»		
	4	» Barre d°..............	»	97	70	897	70
		———— Du 10 d°. ————					
8		Vandamme.					
	9	à March. génér. M/f°..............	1			579	»
		———— D°. ————					
12		Frais généraux.					
	10	à Caisse. Assur. et abon. au journal.	1			92	»
		———— Du 12 d°. ————					
6		Evrard.					
	9	à March. g^{les}. M/f°..............	1			812	30
		———— Du 13 d°. ————					
9		March. g^{les}.					
	5	à Lapostolet. S/f°	1			236	»
		———— Du 15 d°. ————					
6		Evrard.					
	9	à March. g^{les} M/f°..............	1			742	20
		———— D°. ————					
3		Daclin (f).					
	11	à Effets à payer. M/bt à s/o n° 3, p^r s°					
		du 6 janvier.......	1			404	»
		A reporter.....				166,143	85

(d) Achats à plusieurs vendeurs (à terme).

(e) Dépôt d'espèces.

(f) Formule d'un *règlement*. Cet article doit se traduire ainsi : « Le 30 janvier j'ai souscrit à l'ordre de Daclin un billet de 404 fr. pour solde de l'achat que je lui ai fait

F°	F°						
			Report......			100,143	85
			——— Du 15 janvier. ———				
. 10		Caisse.					
.	12	à Actions industrielles. La vente de 2 actions du Nord..	1			1,780	»
			Du 18 d°. ———				
. 9		March. g^les.					
.	5	à G. Claudon. S/f°................	1			2,502	15
			Du 20 d°. ———				
. 9		March. g^les. à Divers.					
.	4	à Barre. S/f°..............	»	46	»		
.	5	» Lapostolet. d°..............	»	151	»	197	
			D°. ———				
.	9	Divers à March. g^les. (g)					
. 7		Hilaire. M/f°..............	1	1,520	95		
. 7		Georges. d°.............	»	63	25		
. 8		Vaudamme. d°.............	»	688	70		
. 7		Georges. d°.............	»	224	10	2,497	
			D°. ———				
. 10		Caisse.					
.	12	à Matériel. La vente d'une vieille voiture............	1			172	
			Du 23 d°. ———				
. 2		Jeanti-Prevost.					
.	10.	à Caisse. S° de s/.° du courant.....	1			393	45
			Du 31 d°. ———				
. 7		Georges.					
.	9	à March. g^les M/f°............ ...	1			823	20
			D°. ———				
. 9		March. g^les.					
.	10	à Caisse. Achats au comptant du mois..............	1			78	»
			D°. ———				
. 10		Caisse.					
.	9	à March. g^les. Ventes au comptant du mois	1			414	20
			Du 2 février. ———				
. 6		Evrard.					
.	9	à March. g^les M/f°.	2			2,011	25
			A reporter.......			177,042	10

le 6 du même mois. Ce billet, numéroté 3, est porté au carnet d'échéances d'effets à payer, où l'on trouvera sa date d'échéance. L'article est extrait du f° 1 du livre auxiliaire de payements. »

On pourrait porter ici, si on le jugeait convenable, la date d'échéance du billet ; mais ce renseignement n'est pas indispensable, puisqu'on le trouve ailleurs, là surtout où il en est besoin.

(g) Vente à plusieurs acheteurs (à terme).

		Report......				177,042	10
		Du 2 février.					
1	10	Marie. à Caisse.	P* s* du 2 janvier.	»		198	45
9	5	March. génér. à Dubois.	S/f*................	2		267	75
		Du 6 d.*					
9		Divers à March. génér.					
7		Georges.	M/f*................	2	140 65		
7		Hilaire.	d*................	»	209 25		
8		Thomas.	d*................	»	414 10	764	»
		*Du 8 d**					
10	8	Caisse (*i*). à Thomas.	S* du 6 courant...	1		414	10
		D.*					
9	2	March. g***. à Jeanti-Prevost.	S/f*................			419	70
		Du 10 d.*					
12	10	Mobilier à Caisse.	Achat d'une pendule.	1		140	»
		Du 14 d.*					
9		March. g***. à Divers.					
	5	à Dubois.	S/f*................	2	129 10		
	1	» Marie.	d*................	»	407 »		
	3	» Daclin.	d*................	»	77 50	613	60
		*D**					
7	9	Georges. à March. g***.	M/f*................	2		60	60
		Du 15 d.*					
10	6	Caisse (*j*). à Evrard.	Espèces à valoir...	1		1,000	»
		Du 27 d.*					
7	9	Georges. à March. g***.	M/f*................	2		23	25
		Du 28 d.*					
10		Divers à Caisse (*k*).					
11		Effets à payer.	M/bt o/Daclin.....	1	404 »		
9		March. générales.	Les ach. au comptant du mois....	»	120 05		
2		Jeanti-Prevost	S* du 8 courant ..	»	419 70	943	75
		A reporter........				181,887	30

(*h*) Payement en espèces.

(*i*) Recette en espèces.

(*j*) Recette en *à-compte*.

(*k*) Divers payements du même jour: 1* Le payement du billet que M. Dubois a souscrit à Daclin; 2* les sommes dépensées pendant le mois pour achats au comptant

			Report......				181,857	30
			Du 28 février.					
. 10		Caisse.						
.	9	à March. générales. Les ventes au						
			comptant du mois.	1			867	»
			Du 31 mars. (*l*)					
. 9		March. générales	à	Divers.				
.	4	à Barre.	S/f° du 6 mars....	2	92	»		
.	5	» Claudon.	d° du 11.........	"	1,128	25		
.	5	» Lapostolet.	d° du 24.........	»	43	15		
.	4	» Barre.	d° du 31.........	»	242	10	1,505	50
			D°. (*m*)					
.	9	Divers	à	March. générales.				
. 7		Georges.	M/f° du 5 mars ...	2	12	»		
. 8		Vandamme.	d°.........	»	1,841	75		
. 6		Evrard	d°.........	»	150	»		
. 7		Georges	d°.........	»	43	15		
. 7		id.	du 10.........	»	22	95		
. 7		id.	du 11.........	»	17	10		
. 6		Evrard.	du 17.........	»	529	»		
. 8		Thomas.	du 23.........	»	610	25		
. 7		Georges.	du 25.........	»	963	10		
. 7		Hilaire.	d°.........	»	17	15	4,206	45
			D° (*n*)					
.	10	Divers	à	Caisse.				
. 1		Marie (le 14 mars). Espèces..........		1	400	»		
. 9		March. génér. (31 id.). Achats au						
			comptant du mois.	»	42	»		
. 12		Frais généraux. Dépenses diverses,						
			dt détail..............	1	1,270	»	1,712	»
			A reporter......				189,618	25

et qui, portées sur un petit livre spécial, ont été additionnées aujourd'hui, dernier jour du mois, pour être passées en un seul article; 3° le payement à J. Prevost d'une facture à vingt jours de date.

On remarquera, une fois pour toutes, que dans ces articles où figurent divers comptes en regard d'un seul (Effets à payer, March. générales et J. Prevost en regard de Caisse), celui qui est seul reçoit, au Grand-Livre, le chiffre total ressorti dans la dernière colonne du Journal, tandis que les autres ne doivent recevoir que le chiffre intérieur qui les concerne. Caisse aura à son *crédit* 943 fr. 75 c., tandis qu'Effets à payer, March. générales, J. Prevost, auront à leur *débit*, le premier 404 fr., le second 120 fr. 05 c. et le troisième 419 fr. 70 c.

(*l m*) Ces deux articles comprennent : le premier, tous les achats (à terme) du mois de mars, portés en bloc ; le second, toutes les ventes (à terme) du même mois. Nous avons donné le motif de ce mode de *passement* par mois. Nous ferons seulement observer que dans ces deux exemples le compte de *Marchandises* seul doit porter au Grand-Livre la date du 31 mars; chacun des comptes particuliers doit porter la date de la facture qui lui est afférente.

(*n*) Cet article comprend tous les payements (espèces) du mois de mars, portés en un seul article. Même observation que ci-dessus pour les dates.

		Report......		189;018	25
		Du 14 mars. (o)			
1		Marie			
	10	à Profits et pertes. Rabais p' solde			
		du 14 février.......	1	7	»
		Du 20 d°. (p)			
5		Claudon			
	11	à Effets à payer. M/bt n° 4, p' solde			
		du 11 mars	1	1,128	25
		Du 5 mars.			
11		Effets à recevoir			
	8	à Vandamme. S/bt° n°° 1 et 2....	1	700	
		Du 31 d° (q)			
10		Caisse à Divers.			
	6	à Evrard (du 10). Espèces à valoir..	1	500	»
	8	» Thomas (du 30). d° p' solde du 23.	»	610	25
	9	» March. g^{les} (du 31). Ventes au			
		comptant du mois.	»	390	25
		1,500			50
		Du 30 avril.			
9		March. générales à Divers.			
	1	à Marie. S/f° du 15 avril....	2	807	75
	2	» J. Prevost. d°........	»	111	»
	3	» Cottereau. d° du 24.........	»	901	20
	6	» Evrard. d° du 30..........	»	46	»
		1,898			95
		D°.			
	9	Divers à March. g^{les}.			
7		Georges. M/f° du 1er avril..	2	95	20
8		Vandamme. d° du 6.........	»	100	50
7		Georges. du 8.........	»	28	80
7		Id. du 17	»	14	60
6		Evrard. d°.........	»	4,237	15
6		Id. d°..........	»	78	»
8		Hilaire. d°..........	»	8	20
7		Georges. du 24	»	63	15
6		Evrard. du 25	»	152	»
8		Vandamme du 27........	»	409	»
		5,186			60
		D°.			
	10	Divers à Caisse.			
5		Lapostolet (du 10). S° au 24 mars ...	1	450	15
5		Dubois (1..). S° au 14 février..	»	396	85
10		Prof. et pert. (id). Perdu un bt de banq.	»	100	»
6		Evrard (du 15). Mon prêt..........	»	500	»
9		March. g^{les} (du 30). Achats du mois.	»	110	75
		1,587			75
		A reporter......		201,627	30

(o) Rabais sur payements du mois de mars. Il n'y en a qu'un, qui complète le solde de Marie.

(p) Règlements du mois de mars. Il n'y en a qu'un également.

(q) Toutes les recettes (espèces) du mois de mars passées en un seul article. Les ventes au comptant ont été relevées et additionnées, à la fin du mois, sur le petit livre qui leur est spécial. Ce qui vient d'être expliqué dans les notes précédentes, pour le mois de mars, s'applique également à avril et à mai.

F°	F°	Comptes et détails		Sommes partielles	Sommes totales
		Report......			204,627 30
		Du 15 avril. (r)			
4		Barre à Divers.			
	10	à Caisse. Espèces...........	1	427 »	
	9	» March. gén. March. rendues...	»	42 »	
	10	» Prof. et pertes. Rab. p^r solde au 31 mars............	»	8 80	477 80
		Du 1er avril.			
	7	Divers à Georges.			
10		Caisse. Espèces p^r solde du mois de janvier....	1	1,481 75	
9		March. gén. Celles rendues......	»	29 25	1,511 »
		Du 30 avril.			
10		Caisse à Divers			
	10	à Profits et pertes (du 15). Touché les loyers de ma maison..	1	700 »	
	9	» March. gén. (du 30). Ventes au comptant du mois.	»	301 50	1,001 50
		D°. (s)			
	6	Divers à Evrard.			
10		Caisse. Espèces..........	1	700 »	
11		Effets à recevoir. Le bt n° 3.........	»	1,000 »	
10		Prof. et pertes. Rab. p^r solde au 17 mars..........	»	28 75	1,728 75
		Du 31 mai.			
9		March. générales à Divers.			
	3	à Daclin. S/f^e du 10 mai....	2	1,080 »	
	3	» Cottereau. d°..........	»	2,807 45	
	1	» Marie. du 20.........	»	412 »	
	5	» Dubois. du 21.........	»	23 »	
	5	» Lapostolet. d°..........	»	77 10	
	3	» Daclin. d°..........	»	49 30	
	3	» Cottereau. d°..........	»	800 »	
	4	» Barre. du 24.........	»	410 »	
	2	» J. Prevost. du 26.........	»	97 25	
	5	» Dubois. d°...........	»	111 »	
	5	id. d°..........	»	17 »	
	3	» Cottereau. du 28....... .	»	28 40	
	3	id. du 29.........	»	110 25	
	1	» Marie. du 30.........	»	71 40	
	4	» Barre. du 31.........	»	7 20	
	4	id. d°..........	»	23 »	
	6	» Evrard. d°.....	»	8 15	
	5	» Lapostolet d°..........	»	7 »	6,139 50
		A reporter......			212,485 85

(r) Article passé à part comme exemple de payement complexe (en espèces, en marchandise rendue et en rabais).

(s) Article passé à part comme exemple de recette complexe (en espèces, en billets à ordre et en rabais).

			Report......			212,485	85		
			Du 31 mai.						
	9	Divers	à	March. générales.					
8		Hilaire.	M/f° du 2 mai.....	2	18	25			
7		Georges.	d°..........	»	43	10			
7		id.	du 4	»	12	05			
6		Evrard.	du 11.........	»	3,104	»			
6		id.	du 20........ .	»	414	»			
7		Georges.	d°	»	28	75			
8		Thomas.	d°	»	19	65			
8		Vandamm	d°	»	4,023	35			
8		Hilaire.	d°	» -	12	05			
7		Georges.	du 28	»	76	10			
7		id.	du 29.........	»	140	»			
7		id.	du 31.........	»	620	95	8,521	25	
			D°.						
	10	Divers	à	Caisse.					
3		Cottereau (du 4).	S° du 4 janvier...	1	1,210	80			
2		J. Prevost (du 5).	Espèces	»	44	»			
3		Cottereau (du 9).	S° du 9 janvier...	»	800	»			
1		Marie (du 15).	Espèces	2	30	»			
5		Claudon (du 18).	S° du 18 janvier..	»	2,502	15			
3		Daclin (du 20).	Espèces	»	100	»			
11		Eff. à payer (id.)	M/bt o/Marie n° 3.	»	500	»			
8		Hilaire. (id.)	le rembt avec pro-têt de s/bt n° 5.	»	106	25			
4		Barre (du 25).	Espèces à valoir.	»	300	»			
11		Effets à payer (du 31).	M/bt o/Clau-don, n° 4.......	»	1,128	25			
12		Frais gén. (id.).	Dépenses de mai-son et impôts.	»	614	»			
9		March. gén. (id.).	Achats du mois..	»	19	25	7,624	70	
			D°.						
	11	Divers	à	Effets à payer.					
1		Marie (du 15).	M/bt à s/o n° 5...	2	500	»			
3		Daclin (du 20).	d°. n° 6...	»	800	»			
3		Cottereau (du 25).	Accepté s/ traite pr solde 24 avril, 8-21 mai.	»	4,508	65	5,808	65	
			D°.						
	11	Divers	à	Effets à recevoir.					
2		Jeanti-Prevost (du 5).	Le bt n° 5, pr solde du 15 avril.	1	100	»			
3		Daclin (du 20).	Le billet n° 6.......	2	250	»	350	»	
			D°.						
	10	Divers	à	Profits et pertes.					
1		Marie (du 15).	Rab. pr solde du 15 avril...........	2	7	75			
3		Daclin (du 20).	Rab. pr solde des 14 février et 10 mai.	»	7	50	15	25	
			A reporter......				234,805	70	

FOLIO 9 DU JOURNAL.

Fol.	N°	Libellé	F°	Sommes partielles	Sommes
		Report......			234,805 70
		——— Du 10 mai. ———			
. 11		Effets à recevoir			
.	11	à Effets à recevoir. Le renouv. du bt Vandamme, n° 2..	2		500 »
		——— Du 30 d° (*l*) ———			
11		Effets à recevoir à Divers.			
.	10	à Caisse. L'escompte à Evrard du bt Hubert, n° 10....	2	400 »	
.	10	» Prof. et pertes. L'escompte dudit.	»	20 »	420 »
		——— Du 31 mai. ———			
10		Caisse à Divers.			
.	7	à Georges (du 1er). Espèces.........	1	212 50	
.	7	» Hilaire (du 4). d°...........	»	1,480 »	
.	11	» Effets à recevoir (du 15). Touché le bt n° 3.........	»	1,000 »	
.	6	» Evrard (du 20). Espèces.........	»	3,000 »	
.	8	» Vandamme (du 25). d°...........	»	1 500 »	
.	6	» Evrard (du 30). d°...........	»	2,500 »	
.	9	» March. gén. (du 31). Les ventes au comptant du mois.	»	392 »	10,084 50
		——— D° ———			
. 11		Effets à recevoir à Divers.			
.	7	à Hilaire (du 4). Les effets n°s 5 et 6.	1	350 »	
.	8	« Thomas (du 15). Le billet n° 8, pr solde du 8 janvier.	»	1,017 45	
.	8	» Vandamme (du 30). Le bt n° 9, pr s° au 5 mars	»	909 45	2,276 90
		——— Du 1er mai. ———			
. 9		March. g...			
.	7	à Georges. Celles rendues, pr solde de février..........	1		12 »
		——— Du 4 d°. ———			
. 10		Profits et pertes			
.	7	à Hilaire. Rab. pr solde au 25 mars.	1		13 40
		——— Du 1er d°. ———			
		Divers à Divers.			
11 .	11	Eff. à recevoir à Eff. à recevoir. Le renouv. du bt n° 1 par celui n° 4.	1	200 »	200 »
. 10 .	10	Caisse à Profits et pertes. Escompte dudit renouvellement..........	»	2 »	2 »
		——— Du 20 d°. (*u*) ———			
.	11	Divers à Effets à recevoir.			
10		Caisse. La négociation du bt n° 8...	»	990 »	
. 10		Profits et pertes. Escompte dudit.	»	27 45	1,017 45
					249,331 95

(*l*) Escompte d'un billet fait par M. Dubois, à son profit. (Echange d'un billet de 420 fr. contre 400 fr. espèces.)

(*u*) Négociation d'un billet à ordre (escompte prélevé par un banquier sur M. Dubois, qui échange un billet de 1017 fr 45 c. contre 990 fr. espèces).

Cet article clôt le Journal, et est le dernier qui figure dans l'addition totale. Les trois qui suivent immédiatement, et qui n'ont pas besoin d'être additionnés, seront expliqués plus loin, lors de la théorie des *inventaires* et de la *balance des comptes*, ainsi que les deux grands articles qui commencent la tenue des livres à nouveau, après l'inventaire clos.

		Du 31 mai.				
10		Profits et pertes				
.	12	à Frais généraux. P⁺ solde de ce der-nier compte............	»		2,836	»
		D°				
. 9		March. générales				
.	10	à Profits et pertes. Le bénéfice brut de 1854............	»		10,797	15
		D°.				
. 10		Profits et pertes				
	11	à Capital. Le bénéfice net de 1854...	»		8,544	60
		Du 31 mai —1ᵉʳ juin.				
		Les suivants, comptes nouveaux, à Eux-mêmes, comptes anciens.				
. 9 .	9	March. générales. Celles en maga-sin ce jour.......	41,525	»		
. 10 .	10	Caisse. Les espèces en caisse d°.	13,340	45		
. 11 .	11	Eff. à recevoir. Ceux en portefeuille.....	2,029	45		
. 12 .	12	Immeubles. La maison de Paris......	48,000	»		
. 12 .	12	Actions industr. Les actions du Nord.....	6,970	»		
. 12 .	12	Mobilier. Son estimation	10 140	»		
. 12 .	12	Matériel d°.................	5,828	»		
. 12 .	12	Fonds. Le prix d'achat..........	14,000	»		
		Débiteurs divers.				
. 6 .	6	Evrard. Balance de s/compte.	2,977	»		
. 7 .	7	Georges. d°...........	2,190	»		
. 8 .	8	Thomas. d°...........	19	65		
. 8 .	8	Vandamme. d°...........	4,532	85		
. 8 .	8	Hilaire. d°...........	144	75	151,747	45
		D°				
		Les suivants, comptes anciens, à Eux-mêmes, comptes nouveaux.				
. 11 .	11	Effets à payer. Ceux en circulation.	25,308	65		
		Créditeurs divers.				
. 1 .	1	Marie. Balance de s/compte...	483	40		
. 2 .	2	J. Prevost. d°...........	97	25		
. 3 .	3	Cottereau. d°...........	138	65		
. 3 .	3	Daolin. d°...........	49	30		
. 4 .	4	Barre. d°...........	140	20		
. 5 .	5	Lapostolet. d°...........	84	10		
. 5 .	5	Dubois. d°...........	151	»		
. 11	11	Capital. Celui du 1ᵉʳ jan-vier 1854...... 116,750 »				
		Le bénéfice net des 5 mois.. 8,544 60	125,294	60	151,747	45
		2 juin.				

Ici viennent successivement se placer, comme à l'ordinaire, les diverses opéra-tions commerciales dont nous avons don-né les exemples, et l'addition se continue à partir de cette dernière somme de 151,747 fr. 45 c., jusqu'à l'inventaire sui-vant, pour lequel on suit la même marche

Doit

1854	Février	2	A Caisse.....................	4	a	198	45
	Mars	14	» id.....................	5	b {	400	»
	»	»	» Profits et pertes...........	6		7	»
	Mai	15	» Caisse.............	7		300	»
	»	»	» Eff. à payer	»	c {	500	»
	»	»	» P. et pertes..............	»		7	75
	»	31	» *Balance*........	10		483	40
						1,896	60

Le Grand-Livre, dont nous donnons, dans cette page et les suivantes, la figure la plus exacte et les modèles les plus perfectionnés, résume tous les autres, et est le plus indispensable au négociant. C'est là, en effet, que se trouve le tableau complet de toutes ses transactions ; c'est avec ce livre, tenu avec soin et à *jour*, c'est-à-dire sans retard, qu'il peut en quelques heures établir le bilan de sa situation, savoir ce qu'il doit, ce qui lui est dû, le chiffre de ses achats et de ses ventes, et jusqu'à un certain point la somme de ses gains ; c'est ce livre qui contrôle sa caisse, son portefeuille, quelquefois son magasin, ainsi que nous l'établirons en commentant les divers comptes.

Les comptes ouverts au Grand Livre sont de deux espèces : les comptes *personnels*, ouverts aux personnes qui achètent ou qui vendent à notre négociant, et les comptes *généraux*, abstractions qui représentent les diverses faces de la situation commerciale du négociant lui-même.

Les comptes personnels se subdivisent en comptes *créditeurs*, dont le crédit, exprimé dans la colonne de droite sous le nom d'*avoir*, dépasse presque toujours le débit (colonne de gauche : *doit*). Ces comptes créditeurs, auxquels appartient l'exemple ci-dessus, sont ceux des marchands, vendeurs en gros des objets que le négociant revend en détail; ce sont aussi ceux des bailleurs de fonds, prêteurs, banquiers, etc.

Les comptes personnels *débiteurs* sont ceux des personnes qui composent la clientèle habituelle du négociant, et dont le débit dépasse presque toujours le crédit.

de Meaux.   *Avoir*

1854	Janvier	2	Par Marchandises générales.	1	*a*	198	45
	Février	14	» d°..............	4	*b*	407	»
	Avril	15	» d°.................	6	*c*	807	75
	Mai	20	» d°	7		412	»
	»	30	» d°... ....:	»		71	40
						1,896	60
	Juin	1er	Solde à nouveau.............	10		483	40

Nous commenterons, chacun à leur tour, ces divers comptes, que
l'on fait bien, du reste, de ne pas confondre pêle-mêle dans le Grand-
Livre.

Expliquons rapidement la formation du compte ci-dessus. Marie, de Meaux,
a vendu successivement à M. Dubois des marchandises dont le prix de vente
est venu, à tour de facture, figurer à l'*avoir* (ou crédit) dudit Marie. La colonne de droite mentionne ces achats et leur date. A son tour, le débit (colonne de gauche) a vu enregistrer, également à leur date, tous les payements
faits par M. Dubois, et le mode de ces payements, soit en espèces, sous le
nom de *Caisse*, en billets souscrits par le négociant, sous celui d'*Effets à
payer*, et avec la mention des rabais (*Profits et pertes*). Ainsi, l'on voit d'un
coup d'œil que la facture du 2 janvier, de 198 fr. 45 cent. a été payée à Marie le 2 février, en espèces, pour une somme égale ; — que celle du 14 février a été soldée un mois après, par 400 fr. argent et 7 fr. de rabais ; —
celle du 15 avril, également un mois après, avec de l'argent, un billet à payer
et un rabais. C'est ce qu'indiquent encore plus clairement les lettres de renvoi
a, *b*, *c*, qui établissent la balance des achats et de leur payement, de telle
façon qu'on peut dire à l'instant qu'il n'est reçu à M. Marie, en ce moment,
que les factures des 20 et 30 mai, puisqu'elles ne portent pas de lettres de
renvoi. — Nous expliquerons, à propos d'un autre compte, ce que signifient
les mots *Balance*, porté au débit du compte ci-dessus, et *Solde à nouveau*,
qui figure au crédit.

1854	Janvier	23	A Caisse	3	*a*	393	4
	Février	28	» id....................	4	*b*	419	70
	Mai	5	» id....................	8	*c*	44	»
	»	»	» Eff. à recevoir............	»		100	»
	»	31	» *Balance*................	10		97	25
						1,054	40

Les explications données à propos du compte précédent s'appliquent parfaitement à celui-ci, qui est aussi un compte *créditeur*, ou de créancier, si l'on aime mieux. Il nous reste à expliquer le sens des mots *Balance*, qui figure au débit de ce compte et de tous les autres semblables, et *Solde à nouveau*, qu'on voit au crédit. Voici cette explication, qu'il faut suivre bien attentivement.

A chaque inventaire, on *solde*, on *ferme* les comptes du Grand Livre, pour les rouvrir *à nouveau*. Or, pour solder un compte, c'est-à-dire pour arriver à rendre égales les sommes du débit et du crédit, comme on le voit ci-dessus (1054 fr. 40 cent. = 1054 fr. 40 cent.), il est nécessaire de trouver la différence qui existe entre ces deux comptes. Cette différence, qui s'obtient en soustrayant le côté le plus faible du côté le plus fort, se nomme *Balance*, et dans les comptes créditeurs, comme elle est généralement en faveur de l'*avoir*, c'est au *doit* qu'elle figure un instant, pour égaliser le compte et le fermer. Puis elle reparaît à droite, sous le titre de *Solde à nouveau*, afin de restituer à l'avoir ce qui lui est toujours dû.

En d'autres termes, et pour faire l'application de la théorie à l'exemple qui précède, nous disons :

Le moment est venu (31 mai) de clore les comptes pour faire l'inventaire. L'*avoir* de Jeanti-Prevost monte à 1054 fr. 40 cent. : son *doit* ne s'élève qu'à 957 fr. 15 cent.; la soustraction donne une différence de 97 fr. 25 cent., qu'on

PREVOST, de Paris.   *Avoir*

1854	Janvier	3	Par March. g^les................	2	a	393	45
	Février	8	» d°....	4	b	419	70
	Avril	15	» d°.....................	6	c	144	»
	Mai	26	» d°....	7		97	25
						1,054	40
	Juin	1er	Solde à nouveau.............	10		97	25

lui redoit. Portons cette somme à son débit, comme si on la lui payait, sous le nom de *Balance*, de *Balance de sortie*, de *Solde à nouveau* (le nom importe peu). Puis additionnons les deux côtés. Ils sont égaux et *balancés*, *soldés* provisoirement. Passons un double trait dessous, pour n'avoir plus à y revenir. Mais comme en réalité Dubois redoit toujours 97 fr. 25 cent. à Jeanti-Prevost, reportons-les à l'avoir de ce dernier, pour réouverture du compte, sous le nom de *Balance d'entrée*, *Solde à nouveau* (peu importe encore le nom). Un nouveau compte commence alors, que nous clorons de même au prochain inventaire.

Des explications que nous venons de donner, il ne faut déduire que la théorie : ces opérations se font, pratiquement, en bloc et par des procédés très-simples que nous enseignons aux chapitres destinés à la *Balance des comptes* et aux *Inventaires*.

Il en est de même de tous les renseignements que nous donnons en regard des comptes du Grand-Livre : ils n'ont pour but que de familiariser le lecteur avec ce qu'ils présentent de bizarre ou d'inexplicable au premier abord. Quant à la manière de former ces comptes, elle réside tout entière dans l'exécution des préceptes que nous avons successivement énumérés depuis le commencement de ce livre, et l'on ne devra se préoccuper de ce que nous écrivons ici qu'après qu'on aura servilement suivi la marche indiquée.

Doit   **C.**

1854	Mai	4	A Caisse............	8	*a*	1,210	80
	»	9	» id.....	»	*b*	800	»
	»	25	» Eff. à payer................	»	*c*	4,508	65
	»	31	» *Balance*................	10		138	65
						6,658	10

Doit   **DACLIN**

1854	Janvier	15	A Effets à payer.............	2	*a*	404	»
	Mai	20	» Caisse.................. .	8		100	»
	»	»	» Eff. à payer...............	»	*b*	800	»
	»	»	» Eff. à recevoir............	»		250	»
	»	»	» Prof. et pertes..............	»		7	50
	»	31	» *Balance*	10		49	30
						1,610	80

Voici le premier exemple de deux comptes réunis sur la même page. On n'agit ainsi que lorsqu'on présume que les affaires de ces vendeurs ou acheteurs n'auront pas un grand développement, car en général on n'ouvre qu'un compte par page : il en est même pour lesquels on laisse plusieurs pages disponibles, tels que les comptes de *Caisse* et de *Marchandises générales*.

A propos de ces ouvertures de comptes, nous pouvons rappeler ici une recommandation déjà faite : celle de consacrer la première partie du Grand-Livre aux comptes créditeurs (vendeurs); la seconde partie aux comptes dé-

COTTEREAU. *Avoir*

1854	Janvier	4	Par March. générales.... ...	2	a	1.210	80
	»	9	» d°.............. ..	»	b	800	»
	Avril	24	» d°............. ...	6		901	20
	Mai	8	» d°................ ...	7	c {	2,807	45
	»	21	» d°.................	»		800	»
	»	28	» d°................	»		28	40
	»	29	» d°................	»		110	25
						6,658	10
	Juin	1er	Solde à nouveau	10		138	65

de Berey. *Avoir*

1854	Janvier	6	Par March. générales....... .	2	a	404	»
	Février	14	» d°................	4	b {	77	50
	Mai	10	» d°.............. ..	7		1,080	»
	»	21	» d°................	»		49	30
						1,610	80
	Juin	1er	Solde à nouveau.......... ...	10		49	30

biteurs (acheteurs) et la fin aux *Comptes généraux*. C'est la marche que, du reste, nous avons suivie en petit.

Nous n'avons rien de particulier à dire relativement aux comptes ci-dessus. Nous ferons seulement une observation qui s'applique à tous : c'est que l'introduction, dans ces comptes, de l'article *Balance* et de son chiffre, n'a lieu qu'après la clôture de l'inventaire, et que par conséquent ce chiffre ne figure pas dans les additions générales que nous recommanderons plus loin, lors des explications de la balance des comptes. C'est pourquoi nous avons souligné ce mot *Balance* dans tous les comptes.

Doit   **BARRE,**

1854	Avril	15	A divers......................	7	*a*	477	80
	Mai	25	» Caisse..................	8		300	»
	»	31	» *Balance*.................	10		140	20
						918	»

Le compte ci-dessus, qui se rattache encore à la catégorie des comptes créditeurs, n'offre d'autre différence avec les précédents que la présence, au *débit*, d'un à-compte au lieu d'un payement complet (article du 25 mai, 300 fr.). On voit que par le premier payement, du 15 avril, quatre factures accoladées *a*, ont été soldées à la fois. Quant au mode de ce payement, comme il est exprimé par le mot *Divers*, il faut, si l'on veut en avoir le détail, se reporter au f° 7 du Journal.

C'est peut-être ici le lieu de rappeler, à ce propos, toutes les règles de la tenue du Grand-Livre.

Ouvrir le compte, en inscrivant entre les mots *Doit* et *Avoir*, qui sont imprimés, le nom et la demeure de la personne à laquelle on destine ce compte.

Inscrire immédiatement au Répertoire, à sa lettre alphabétique, le nom de cette personne et le f° du Grand-Livre où est son compte.

Au fur et à mesure que les articles se présentent au Journal pour être reportés à ce compte, soit au Crédit, soit au Débit, ne pas oublier que les trois premières colonnes correspondent à la date (an, mois, jour), — que la co-

de Paris. *Avoir*

1854	Janvier	9	Par March. générales	2		97	70
	»	20	» d°................	3		46	»
	Mars	6	» d°................	5	*a*	92	»
	»	31	» d°................	»		242	10
	Mai	24	» d°................	7		410	»
	»	31	» d°................	»		7	20
	»	»	» d°....	»		23	»
						918	»
	Juin	1er	Solde à nouveau.............	10		140	20

lonne du milieu (côté gauche) doit porter l'indication du compte qui a fourni, précédé de la préposition *à*, — tandis que la même colonne (côté droit) relate le compte qui a reçu, précédé du mot *par*. (Rappelons à ce propos que les guillemets [«] ont la signification de *idem*.)

Se souvenir que la colonne qui suit est destinée au folio indicateur du journal, et celle d'après, aux lettres qui constatent le solde complet des factures ou des séries de factures.

Disons de suite qu'on ne se sert de ces lettres que pour les comptes personnels. Elles ne sont d'aucun usage, ainsi qu'on le verra plus loin, dans les comptes généraux.

Supposons maintenant que M. Barre présente à Dubois, aujourd'hui 2 juin, le compte général de ce qui lui est dû. Ouvrant le Grand-Livre, le commis s'assure, à l'*Avoir*, que les factures de ce compte sont bien celles des 24, 31 et 31 mai; que le chiffre est bien le même, et que du total on a bien soustrait l'à-compte de 300 fr., porté au *Débit*, à la date du 25 mai. En conformité d'exactitude, le commis appose son *visa* au compte, que le négociant peut alors acquitter sans plus de recherches, et sans crainte d'erreurs.

Doit LAPOSTOLET

1854							
	Avril	10	A Caisse.......................	6	*a*	480	15
	Mai	31	» *Balance*	10		84	10
						564	25

Doit G. CLAUDON.

1854							
	Mars	20	A Effets à payer.............	6	*a*	1 128	25
	Mai	18	» Caisse......................	8	*b*	2 502	15
						3 630	40

Doit DUBOIS,

1854							
	Avril	10	A Caisse......................	6	*a*	396	85
	Mai	31	» *Balance*...................	10		151	»
						547	85

Le second de ces comptes (G. Claudon) offre l'exemple d'un compte qui, complétement soldé lors de l'inventaire, n'exige ni balance de sortie ni solde à nouveau. On a fait l'addition des deux côtés, et le compte reste fermé jusqu'à ce qu'un nouvel achat vienne le rouvrir.

de Paris. *Avoir*

1854	Janvier	13	Par March. générales	2	a	286	»
	»	20	» d°..............	3		151	»
	Mars	24	» d°..............	5		43	15
	Mai	21	» d°..............	7		77	10
	»	31	» d°..............	»		7	»
						561	25
	Juin	1er	Solde à nouveau.............	10		84	10

de Bordeaux. *Avoir*

1854	Janvier	18	Par March. générales.........	3	b	2,502	15
	Mars	11	» d°................	5	a	1,128	25
						3,630	40

de Passy. *Avoir*

1854	Février	4	Par March. générales........	4	a	267	75
	»	14	» d°..............	»		129	10
	Mai	21	» d°.......	7		23	»
	»	26	» d°..............	»		111	»
	»	»	» d°..............	»		17	»
						547	85
	Juin	1er	Solde à nouveau.............	10		151	»

Seulement, comme il ne reste plus de place pour le continuer à cette page, on le reportera, le cas échéant, à un autre folio, en ayant soin d'indiquer ce nouveau folio à la lettre **C** du Répertoire, au nom de Claudon.

Doit   **EVRARD, rue**

1851							
	Janvier.	12	A March. générales............	2	*a*	812	30
	»	15	» do................	»		742	20
	Février	2	» do................	3		2,041	25
	Mars	5	» do....	5		150	»
	»	17	» do................	»		529	»
	Avril	17	» do................	6		4,237	15
	»	»	» do................	»		78	»
	»	25	» do................	»		152	»
	"	30	» Caisse............	»		500	»
	Mai	11	» March. générales..........	8		3,104	»
	»	20	» do................	»		414	»
						12,759	90
	Juin	1ᵉʳ	Solde à nouveau............	10		2,977	»

Voici un compte débiteur, c'est-à-dire dont le débit l'emporte sur le crédit, ainsi que cela a lieu généralement pour tous les acheteurs. Les explications données, au compte de J. Prevost, f° 2, sur la *Balance* et le *Solde à nouveau*, s'appliquent au cas présent, avec cette différence que dans les comptes débiteurs, le côté le plus faible étant celui du crédit, c'est de ce côté que se porte la *balance* qui doit égaliser les deux comptes pour les fermer et c'est au Débit que vient se reporter le *solde à nouveau*. Ici cette balance, montant à 2977 fr., représente les articles portés au débit d'Evrard depuis le 17 avril (inclus), moins ceux portés à son avoir les 31, 20, 30 et 31 mai.

La contexture de ce compte mérite encore quelques explications. Ordinairement le débit des comptes débiteurs ne porte qu'une seule mention : *A march. générales*, formule de la vente, de même que le crédit des comptes créditeurs porte généralement : *Par march. générales*, formule de l'achat.

de Ponthieu, 12. *Avoir*

1854							
1854	Janvier	8	Par Caisse......................	2		1,000	»
	Février	15	» d°......................	4		1,000	»
	Mars	10	» d°......................	6	*a*	500	»
	Avril	30	» March. générales...	»		46	»
	»	»	» Divers....................	7		1,728	75
	Mai	31	» March. g'nérales........	»		8	15
	»	20	» Caisse...........	9		3,000	»
	»	30	» d°....................	»		2,500	»
	»	31	» *Balance*...........	10		2,977	»
						12,759	90

Or, dans la colonne d'Évrard, côté gauche, nous voyons figurer un *à Caisse* au milieu des marchandises. C'est un prêt que Dubois a fait à Évrard, et qui est porté à son compte, naturellement, tout comme si c'était une facture.

De même, à l'avoir d'Évrard, on voit figurer des marchandises. Cela peut arriver de deux manières. Ou Evrard a rendu des marchandises, lors d'un règlement de compte, ou (c'est le cas actuel) Evrard, qui achète à M. Dubois certaines marchandises, lui en vend certaines autres. Il est à la fois vendeur et acheteur, et si ses ventes à Dubois étaient plus importantes, peut-être figurerait-il dans les comptes créditeurs. On voit ainsi que la séparation des comptes créditeurs et débiteurs, quoique utile, n'a rien d'absolu. Un acheteur de M. Dubois peut accidentellement devenir son créancier, comme un de ses vendeurs peut être parfois son débiteur. C'est la balance des comptes, à l'inventaire, qui détermine cette situation.

Doit

GEORGES,

1854							
1854	Janvier	2	A March. générales......	1		400	45
»	»	22	» d°...............	3	*a*	63	25
»	»	30	» d°.	»		224	10
»	»	31	» d°.	»		823	20
»	Février	6	» d°.	4		140	65
»	»	14	» d°.	»	*b*	60	60
»	»	27	» d°.	»		23	25
»	Mars	5	» d°...............	5		12	»
»	»	»	» d°.........	»		43	15
»	»	10	» d°.............	»		22	95
»	»	11	» d°...	»		17	10
»	»	25	» d°...........	»		963	10
»	Avril	1er	» d°............	6		95	20
»	»	8	» d°............	»		28	80
»	»	17	» d°	»		14	60
»	»	24	» d°	»		63	15
»	Mai	2	» d°...	8		43	10
»	»	4	» d°....	»		12	05
»	»	20	» d°.........	»		28	75
»	»	28	» d°....... ...	»		76	10
»	»	29	» d°..	»		140	»
»	»	31	» d°...........	»		629	95
						3,925	50
»	Juin	1er	Solde à nouveau.	10		2,190	»

Doit

HILAIRE,

1854	Janvier	4	A March. générales...... ...	2		96	05
»	»	20	» d°...............	3	*a*	1,520	95
»	Février	6	» d°...............	4		209	25
»	Mars	25	» d°...............	5		17	15
»			Reporté f° 8....................			1,843	40

à Auteuil.   *Avoir*

1854	Avril	1er	Par Divers................	7	a	1,511	
	Mai	1er	» Caisse...............	9	b {	212	50
	»	»	» March. g^ses.............	»		12	»
	»	31	» *Balance*...............	10		2,190	»
						3,925	50

rue de Rivoli, 2 0.   *Avoir*

1854	Mai	4	Par Caisse............	9	a {	1,480	»
	»	»	» Eff. à recevoir...........	»		350	»
	»	»	» Prof. et pertes..........	»		13	40
						1,843	40

Doit

1854	Janvier	8	A March. générales............	2	c	1,017	45
	Février	6	» d°..	4	a	414	10
	Mars	23	» d°.........	5	b	610	25
	Mai	20	» d°....	8		19	65
						2,061	45
	Juin	1er	Solde à nouveau...............	10		19	65

Doit

1854	Janvier	10	A March. générales	2		579	»
	»	25	» d°.................	3	a	688	70
	Mars	5	» d°............	5		1,841	75
	Avril	6	» d°............ ....•	6		100	50
	»	27	» d°.................	»		409	»
	Mai	20	» d°	8		4,023	35
						7,642	30
	Juin	1er	Solde à nouveau........... ..	10		4,532	85

Doit

1854			Report du f° 7................			1,843	40
	Avril	17	A March. générales..	6		8	20
	Mai	2	» d°..	8		18	25
	»	20	» d°.................	»		12	05
	»	»	» Caisse......	»		106	25
						1,988	15
	Juin	1er	Solde à nouveau........... ...	10		144	75

Ici se terminent les comptes débiteurs, qui n'offrent plus rien de particulier. Ce dernier (Hilaire) est un exemple des comptes reportés à d'autres

à Sèvres.   *Avoir*

1854	Février	8	Par Caisse......................	4	a	414	10
	Mars	30	» d°......................	6	b	610	25
	Mai	15	» Eff. à recevoir............	9	c	1,017	45
			» *Balance*...................	10		19	65
						2,061	45

rue Coq-Héron, 17.   *Avoir*

1854	Mars	5	Par Eff. à recevoir............	6		700	»
	Mai	25	» Caisse....................	9	a	1,500	»
	»	30	» Eff. à recevoir..........	»		909	45
	»	31	» *Balance*................	10		4,532	85
						7,642	30

de Paris.   *Avoir*

1854			Report du f° 7...............			1,843	40
	Mai	31	Pa *Balance*................ ..	10		144	75
						1,988	15

pages lorsqu'ils ne peuvent plus être continués dans la première qui leur a
été destinée.

Doit

1851						
Janvier	1er	A Capital......................	1		43,000	»
»	2	» Marie......................	»		198	45
»	4	» Divers......................	2		1,604	25
»	6	» Daclin......................	»		404	»
»	9	» Divers......................	»		897	70
»	13	» Lapostolet..................	»		286	»
»	18	» Claudon....................	3		2,502	15
»	20	» Divers......................	»		197	»
»	31	» Caisse.....................	»		78	»
Février	4	» Dubois.....................	4		267	75
»	8	» J. Prevost	»		419	70
»	14	» Divers.....................	»		613	60
»	28	» Caisse.....................	»		120	05
Mars	31	» Divers.....................	5		1,505	50
»	»	» Caisse.....................	»		42	»
Avril	30	» Divers.....................	6		1,898	95
»	»	» Caisse.....................	»		110	75
»	1er	» Georges....................	7		29	25
Mai	31	» Divers.....................	»		6,139	50
»	»	» Caisse.....................	8		19	25
»	1er	» Georges....................	9		12	»
»	31	» *Prof. et pertes*............	10		10,797	15
					71,143	»
Juin	1er	A lui-même compte anc.en..	»		41,525	»

Ici commence la série des comptes *généraux*, et celui-ci est un des plus importants. Son *débit* représente l'entrée des marchandises, en commençant par celles en magasin à l'époque de l'ouverture du compte, continuant par les achats successifs, tant à terme qu'au comptant, et comprenant aussi les marchandises rendues par les acheteurs. Son *crédit* représente la sortie des marchandises, tant par celles vendues à terme ou au comptant, que par celles rendues aux acheteurs. Le total de ce crédit, abstraction faite du dernier article, forme ce qu'on appelle le *chiffre des affaires*. Ce dernier article est le chiffre des marchandises en magasin au 31 mai, jour de l'inventaire : ajouté au chiffre des affaires, il donne ici 71,143 fr. Si de cette

GÉNÉRALES.   *Avoir*

1854	Janvier	2	Par Georges	1	400	45
	»	4	» Hilaire...... ..._.......	2	96	05
	»	8	» Thomas.................	»	1,017	45
	»	10	» Vandamme.............	»	579	»
	»	12	» Evrard.............	»	812	30
	»	15	» d°............	»	742	20
	»	20	» Divers................	3	2,497	»
	»	31	» Georges ...., ...:.	»	823	20
	»	⅘	» Caisse..........	»	414	20
	Février	2	» Evrard............ ..._...	»	2,041	25
	»	6	» Divers........	4	764	»
	»	14	» Georges	»	60	60
	»	27	» d°...............	»	23	25
	»	28	» Caisse.......	5	307	»
	Mars	31	» Divers.........	»	4,206	45
	»	»	» Caisse............	6	390	25
	Avril	30	» Divers.....	»	5,186	60
	»	15	» Barre...........	7	42	»
	»	30	» Caisse.......	»	301	50
	Mai	31	» Divers,,........	8	8,521	25
	»	»	» Caisse...........	9	392	»
	»	»	» *Lui-même cpte nouveau.*	10	41,525	»
					74,143	»

somme totale on soustrait 60,345 fr. 85 c., montant du débit, moins le dernier article, on obtient ce qu'on nomme le bénéfice brut, soit 10,797 f. 15 c. Et ce dernier chiffre, ajouté au débit, donne la balance des deux côtés du compte.

Le compte se rouvre à nouveau par le chiffre des marchandises constatées au dernier inventaire du magasin.

On voit que les comptes généraux ne se balancent pas tous comme les comptes personnels : on trouvera sur ce sujet de plus amples renseignements lorsqu'il sera question de la balance générale des comptes, ainsi que des explications sur ces mots : *Par lui-même, compte nouveau, — à lui-même, compte ancien.*

Doit

CAIS

1854	Janvier	1er	A Capital	1	7,000	»
	»	8	» Evrard	2	1,000	»
	»	15	» Actions industrielles	3	1,780	»
	»	20	» Matériel	»	172	»
	»	31	» March. générales	»	414	20
	Février	8	» Thomas	4	414	10
	»	15	» Evrard	»	1,000	»
	»	28	» March. générales	5	307	»
	Mars	31	» Divers	6	1,500	50
	Avril	1er	» Georges	7	1,481	75
	»	30	» Divers	»	1,001	50
	»	»	» Evrard	»	700	»
	Mai	31	» Divers	9	10,084	50
	»	1er	» Profits et pertes	»	2	»
	»	20	» Eff. à recevoir	»	990	»
					27,847	55
	Juin	1er	A Balance d'entrée	10	13,390	45

Doit

P ROFITS

1854	Avril	10	A Caisse	6	100	»
	»	30	» Evrard	7	28	75
	Mai	4	» Hilaire	9	13	40
	»	20	» Eff. à recevoir	»	27	45
	»	31	» *Frais généraux*	10	2,836	»
	»	»	» *Capital*, le bénéfice net	10	8,544	60
					11,550	20

Le compte de Caisse, qui figure ci-dessus, n'est qu'un relevé des colonnes de sortie et d'entrée des livres de payements et de recettes, et le total de son débit, comme de son crédit, est égal aux totaux de ces livres, ainsi qu'on peut s'en assurer. Toute somme entrée dans la caisse, à quelque titre que ce soit, figure donc au débit, de même que toute somme sortie est enregistrée à l'avoir. Le débit (l'entrée) l'emportant toujours sur le crédit (la sortie), à moins qu'il ne reste pas un sou en caisse, la balance s'établit, comme pour les comptes personnels, par la différence, qui doit être exactement le chiffre

SE.   *Avoir*

1854	Janvier	2	Par Frais généraux............	1	800	»
	»	10	» d°.................	2	92	»
	»	23	» J. Prevost...............	3	393	45
	»	31	» March. générales..........	»	78	»
	Février.	2	» Marie..................	4	198	45
	»	10	» Mobilier..............	»	140	»
	»	28	» Divers..................	»	943	75
	Mars	31	» d°..................	5	1,712	»
	Avril	30	» d°..................	6	1,587	75
	»	15	» Rarre...............	7	427	»
	Mai	31	» Divers...............	8	7,024	70
	»	30	» Eff à recevoir............	9	400	»
	»	31	» *Balance de sortie*........	10	13,390	45
					27,847	55

et PERTES.   *Avoir*

1854	Mars	14	Par Marie	6	7	»
	Avril	15	» Barre................	7	8	80
	»	30	» Caisse................	»	700	»
	Mai	31	» Divers................	8	15	25
	»	30	» Eff. à recevoir..........	9	20	»
	»	1er	» Caisse................	»	2	»
	»	31	» *M. générales*, le bén. brut.	10	10,797	15
					11,550	20

de la somme que possède le négociant, si ses livres et sa caisse ont été
bien tenus.

Au débit du compte de Profits et pertes figurent toutes les pertes, rabais
des acheteurs, frais de négociation d'effets. On y ajoute, après l'inventaire,
le montant du compte des frais généraux, et, pour balance, le bénéfice net,
dont nous parlerons plus loin. Au crédit figurent les rabais des vendeurs,
les bénéfices extraordinaires, escomptes, loyers touchés, trouvailles, etc. En
y ajoutant le bénéfice brut, on obtient la balance avec le débit.

8

Doit

EFFETS à

1854	Février	28	A Caisse	4	404	»
	Mai	20	» d°	8	50	»
	»	31	» d°	»	1,128	25
	»	»	» *Bal. de sortie*	10	25,308	65
					27,340	90

Doit

EFFETS A

1854	Mars	5	A Vandamme	6	700	»
	Avril	30	» Evrard	7	1,000	»
	Mai	10	» Eff. à recevoir	9	500	»
	»	30	» Divers	»	420	»
	»	»	» d°	»	2,276	90
	»	1er	» Eff. à recevoir	»	200	»
					5,096	90
	Juin	1er	» Bal. d'entrée	10	2,029	45

Doit

CA

1854	Janvier	1er	A Effets à payer	1	20,000	
	Mai	31	» *Lui-même cpte nouveau*	10	125,294	60
					145,294	60

Le compte d'Effets à payer présente à l'*avoir* tous les billets souscrits
ou les traites acceptées par le négociant, et au *doit* les payements suc‑
cessifs de ces valeurs. La différence, toujours en faveur du débit, à moins
que le négociant n'ait plus un seul billet en circulation, doit être conforme
aux sommes restant à barrer au carnet d'échéances d'effets à payer.

Le mouvement du compte d'Effets à recevoir est le même, en sens opposé.
Les billets entrant en portefeuille figurent au débit; ceux qu'on passe, qu'on
encaisse ou qu'on fait renouveler sont enregistrés au crédit. A moins qu'il
n'en reste plus en portefeuille, la balance est en faveur du crédit, et son
chiffre doit être conforme aux sommes restant à recouvrer au carnet d'échéan-

PAYER.   *Avoir*

1854	Janvier	1er	Par Capital........	1	20,000	»
»		15	» Daclin............	2	404	»
	Mars	20	» Claudon........	6	1,128	25
	Mai	25	» Divers................	8	5,808	65
					27,340	90
	Juin	1er	A Bal. d'entrée...............	10	25,308	65

RECEVOIR.   *Avoir*

1854	Mai	20	Par Divers.................	8	350	»
»		10	» Eff. à recevoir...........	9	500	»
»		15	» Caisse.................	»	1,000	»
»		20	» Divers...............	»	1,017	45
»		1er	» Eff. à recevoir...........	»	200	»
»		31	» *Bal. de sortie*...........	10	2,029	45
					5,096	90

PITAL   *Avoir*

1854	Janvier	1er	Par Divers...............	1	136,750	»
	Mai	31	» *Prof. et pertes*..........	10	8,544	60
					145,294	60
	Juin	1er	Par lui-même, compte ancien.	10	125,294	60

ces d'effets à recevoir. Le compte de Capital est des plus simples. L'actif du négociant, en commençant son commerce, figure à l'*avoir*. Au débit se trouve le passif. Lorsque l'inventaire est clos, on ajoute à l'avoir le bénéfice net (*Profits et pertes*), et l'on soustrait cet actif (composé ici de deux articles) du passif. La différence fait la balance et ressort à nouveau comme CAPITAL.

Aux inventaires suivants, on ajoute successivement à l'avoir le chiffre des bénéfices nets ultérieurs, dont s'augmente d'autant le capital. Quant, au lieu de bénéfice, il y a perte, elle figure au débit, puis, soustraite de l'avoir, elle constitue la balance, et ressort à nouveau, diminuant d'autant le capital.

Doit   **IMMEU**

1854	Janvier	1er	A Capital.....................	1		48,000	»
	Juin	1er	A Bal. d'entrée..............	10		48,000	»

Doit   **A|CTIONS**

1854	Janvier	1er	A Capital....................	1		8,750	»
						8,750	»
	Juin	1er	A Bal. d'entrée..............	10		6,970	»

Doit   **MOBI**

1854	Janvier	1er	A Capital,	1		10,000	»
	Février	10	» Caisse....................	4		140	»
						10,140	»
	Juin	1er	A Bal. d'entrée.............	10		10,140	»

Doit   **M | A|TÉRIEL**

1854	Janvier	1er	A Capit l...................	1		6,000	»
						6,000	»
	Juin	1er	A Bal. d'entrée.............	10		5,828	»

Doit   **F|ONDS et**

1854	Janvier	1er	A Capital....................	1		14,000	»
	Juin	1er	A Bal. d'entrée.............	10		14,000	»

Doit   **FRAIS**

1854	Janvier	2	A Caisse....................	1		860	»
	»	10	» do...................	2		92	»
	Mars	31	» do.................	5		1,270	»
	Mai	31	» do.................	8		614	»
						2,836	»

BLES.   *Avoir*

| 1854 | Mai | 31 | Par *Bal. de sortie*............ | 10 | 48,000 |

INDUSTRIELLES.   *Avoir*

1854	Janvier	15	Par Caisse...................	3	1,780	»
	Mai	31	» *Bal. de sortie*...	10	6,970	»
					8,	

LIER.   *Avoir*

| 1854 | Mai | 31 | Par *Bal. de sortie* .... | 10 | 10,140 | » |
| | | | | | 10,140 | » |

D'EXPLOITATION.   *Avoir*

1854	Janvier	20	Par Caisse..	3	172	»
	Mai	31	» *Bal. de sortie*...........	10	5,828	"
					6,000	»

CLIENTÈLE   *Avoir*

| 1854 | Mai | 31 | Par *Bal. de sortie*........... | 10 | 14,000 | » |

GÉNÉRAUX.   *Avoir*

| 1854 | Mai | 31 | Par *Prof. et pertes*.......... | 10 | 2,836 | » |
| | | | | | 2,836 | » |

BALANCE DES COMPTES.

Si l'on veut bien se reporter maintenant au folio 9 du journal, après le dernier article portant la date du 20 mai, et ressortissant en total pour 1,017 fr. 45 c., nous allons indiquer successivement ce qui reste à faire pour clore la série des opérations, et déterminer nettement quel a été leur résultat pendant cette période de cinq mois.

Nous sommes arrivés à la partie la plus difficile de notre tâche, au contrôle suprême de nos écritures les unes par les autres, et le meilleur teneur de livres n'aborde pas sans trembler les préliminaires de l'*inventaire*.

La première chose à faire, c'est d'additionner le journal. Nous supposons que cela a été fait page à page, à mesure qu'elles s'emplissaient : en agissant autrement on aura accumulé une besogne des plus fatigantes, et qui ne pourra, pour cette raison, être convenablement faite. Notre total général nous donne 249,331 fr. 95 c. Or, si nos livres ont été bien tenus, si aucune omission n'a été faite, il nous faut retrouver deux fois ce chiffre, rigoureux, impitoyable, dans l'opération que nous allons décrire, et que l'on nomme la *Balance des comptes*. (Voir le tableau ci-après.)

Après avoir réglé une feuille de papier sur le modèle indiqué, on prend le Grand-Livre, puis on additionne depuis le premier jusqu'au dernier compte (généraux ou personnels), sans aucune exception, les colonnes du débit et celles du crédit, et l'on porte le total de chacune d'elles, sous les titres *doit* et *avoir*, au tableau en question.

A ce propos, une observation est à faire. Pour l'intelligence de nos démonstrations, nous avons dû clore tous les comptes du Grand-Livre, c'est-à-dire y faire figurer des opérations que nous n'avons pas encore décrites, et qui, par le fait, n'existent pas encore au moment dont nous parlons. Lors donc que nous disons qu'il faut additionner séparément les colonnes *doit* et *avoir* de chaque compte, il est bien entendu qu'il ne faut pas faire figurer dans ces additions les articles en *italique* que nous avons ajoutés, tantôt d'un côté, tantôt d'un autre, sous les noms de *balance*, *compte nouveau*, *compte ancien*, etc., et qu'il ne faut pas, par conséquent, se préoccuper des additions faites, non plus que de la réouverture des comptes sous le double filet qui les sépare des anciens.

Nous comptons d'ailleurs que le lecteur, s'il a pratiqué lui-même nos leçons, possède un Grand-Livre dans l'état où il doit être en ce moment, c'est-à-dire non clos, et ne contenant que les articles qui ont été passés au journal avant l'addition générale.

Commençant donc par Marie, f° 1, nous trouvons à son débit 1,413 fr. 20 c., à son crédit 1,896 fr. 60 c. Inscrivons ces deux chiffres à leur place, et continuons l'opération jusqu'au dernier compte, celui de *frais généraux*. Additionnant ensuite les deux colonnes, elles doivent donner, chacune séparément, le chiffre du journal : 249,331 fr. 95 c. La raison en est bien simple : tout article du journal est porté double au Grand-Livre, au crédit d'un compte et au débit d'un autre : donc débits et crédits doivent reproduire exactement ce chiffre.

Ce n'est pas toujours du premier coup que cette preuve d'exactitude apparaît lumineuse : trop souvent, hélas! les chiffres ne sont qu'approchant, et cette indication trop certaine d'une erreur entraîne de longues heures, quelquefois des journées entières de recherches pénibles.

Nous pouvons du moins indiquer quelques moyens de les abréger, de les restreindre dans un espace moins effrayant que celui d'une année. Le premier moyen, le plus sûr, c'est de faire chaque mois la balance dont nous donnons ici le modèle pour l'exercice entier. On additionne le journal au crayon : on fait ensuite son relevé comme nous l'avons indiqué, et, si l'on constate des erreurs, on n'a à les rechercher que dans un mois.

Mais les erreurs constatées, quel moyen de les découvrir? Si aucune des deux colonnes n'est conforme à l'addition du journal, et qu'ensemble elles ne donnent pas le double de cette addition, il n'est guère qu'un *pointage* de tous les articles, c'est-à-dire un second travail de *passement*, moins l'écriture, qui puisse faire toucher du doigt la bévue.

Si les deux colonnes donnent le double de l'addition du journal, bien qu'aucune n'en reproduise le chiffre exact, c'est qu'un article, ou plusieurs, ont été passés au débit lorsqu'ils devaient être au crédit, ou réciproquement. On cherche alors quelle est la colonne la plus forte, et de quel chiffre elle dépasse l'addition-type du journal. (Il est bien entendu que cette dernière doit être préalablement rendue irréprochable par une seconde addition de bas en haut.) Si le chiffre surabondant de la colonne forte complète la colonne faible, on a la certitude que l'erreur est dans la colonne forte, et cela épargne déjà la moitié du pointage. Si la colonne forte, reconnue fautive, est celle du *doit*, on pointera exclusivement tous les articles qui, au journal, portent le chiffre indicateur à gauche; dans le cas contraire, on ne pointera que les articles dont les chiffres sont à droite.

Si une des deux colonnes de la balance est exacte, on n'a rien à rechercher dans celle-là, et l'on pointe seulement les articles correspondant à la colonne fautive, en suivant l'ordre des chiffres indicateurs du journal. C'est ici le lieu de faire observer combien il est important que ces derniers soient placés comme il faut, ceux du débit à gauche, ceux du crédit à droite.

On fait toujours bien de reconnaître le chiffre excédant ou manquant à la balance ; ce chiffre est quelquefois celui d'un seul article, dont on constate, par la ressemblance, l'omission bien plus facilement.

Supposons que notre relevé est exact ou l'est devenu ; il ne nous reste plus qu'à soustraire de chaque compte la *balance*, c'est-à-dire la différence de la somme la plus forte à la plus faible. Cette différence doit être portée dans une autre colonne (voir le modèle), au *débit*, si c'est le débit qui l'emporte ; à l'*avoir*, si c'est le contraire. Et, pour commencer, puisque l'*avoir* de Marie est supérieur à son *doit* de 483 fr. 40 c., nous portons cette dernière somme à la colonne *avoir* de notre compte. Le débit de Claudon étant égal à son crédit, il n'y a rien à porter à ses colonnes de balance. Le débit d'Evrard étant supérieur à son crédit, nous portons la différence (2,977 fr.) au débit de la balance. Et nous continuons de même, pour tous les comptes sans exception.

L'addition des deux colonnes, *doit* et *avoir*, de la balance, doit être identique : s'il y avait une erreur, elle ne pourrait provenir que d'une soustraction fautive. Ces additions, du reste, ne correspondent à aucune autre, et il suffit qu'elles soient égales entre elles.

Dans cette balance de comptes, bien établie, bien correcte, nous allons trouver, à une seule exception près, tous les éléments de l'inventaire. Cette exception, c'est l'inventaire des marchandises, dont nous allons nous occuper, parce que nous ne pouvons, sans lui, aller plus loin.

Mais avant d'en parler, nous donnons le modèle de la balance des comptes, sur laquelle nous aurons grandement à revenir.

| F⁰ˢ | COMPTES. | DOIT. | | AVOIR. | | BALANCES. | | | |
| | | | | | | DOIT | | AVOIR. | |
		fr.	c.	fr.	c.	fr.	c	fr.	c.
1	Marie............	1,413	20	1,896	60	»	»	483	40
2	Jeanti et Prevost..	957	15	1,054	40	»	»	97	25
3	Cottereau.........	6.519	45	6.658	10	»	»	138	65
»	Daclin	1,561	50	1,610	80	»	»	49	30
4	Barre	777	80	918	»	»	»	140	20
5	Lapostolet.........	480	15	564	25	»	»	84	10
»	Claudon	3,630	40	3.630	40	»	»	»	»
»	Dubois.............	396	85	547	85	»	»	151	»
6	Evrard...	12,759	90	9,782	90	2.977	»	»	»
7	Georges............	3,925	50	1,735	50	2,190	»	»	»
8	Thomas......	2,061	45	2,041	80	19	65	»	»
»	Vandamme.......	7.642	30	3,109	45	4,532	85	»	»
»	Hilaire	1,988	15	1,843	40	144	75	»	»
9	*March. générales.*	60,345	85	29,618	»	30.727	85	»	»
10	Caisse.............	27,847	55	14,457	10	13,390	45	«	»
»	*Profits et pertes...*	169	60	753	05	»	»	583	45
11	Effets à payer.....	2,032	25	27,340	90	»	»	25,308	65
»	Effets à recevoir...	5,096	90	3,067	45	2,029	45	»	»
»	Capital.	20.000	»	136,750	»	»	»	116,750	›
12	Immeubles........	48,000	»	»	»	48,000	»	»	»
»	Actions.	8,750	»	1,780	»	6,970	»	»	»
»	Mobilier	10,140	»	»	»	10,140	»	»	»
»	Matériel...........	6,000	»	172	»	5,828	»	»	»
»	Fonds.............	14,000	»	»	»	14,000	»	»	»
»	*Frais généraux..*	2,836	»	»	»	2,836	»	»	»
		249,331	95	249,331	95	143,786	»	143,786	»

Observations sur la Balance des comptes. On reconnaît dans ce tableau
l'ordre adopté au Grand-Livre pour les comptes. D'abord viennent les créditeurs, dont le crédit est supérieur au débit, ainsi qu'on le voit par les colonnes de balance ; — ensuite les débiteurs, dont le débit l'emporte sur le
crédit. Viennent enfin tous les comptes généraux, parmi lesquels nous en
avons souligné deux qui ne figurerent pas dans la rentrée des comptes, celui
de *Frais généraux*, qui se fondra dans celui de *Profits et pertes*, et ce
dernier, qu'absorbera le compte de *Capital*, ainsi que cela sera expliqué en
son temps. Quant au compte de *Marchandises générales*, également souligné, sa balance devra subir des modifications que déterminera l'inventaire
des marchandises. A ces exceptions près, tous les autres comptes se rou-
vriront par les balances indiquées ci-dessus, soit au débit, soit au crédit.

La balance reconnue exacte, on s'assurera que le crédit de *Caisse* est bien
conforme à la somme en caisse, que celui d'*Effets à recevoir* est en conformité avec les billets en portefeuille, et que le débit d'*Effets à payer* représente exactement le chiffre indiqué au carnet des échéances de ce compte.

L'inventaire des marchandises en magasin est une opération toute matérielle, un simple récolement. Il faut seulement bien faire attention de n'y pas comprendre les marchandises récemment entrées, et non entamées, dont il n'aurait pas encore été passé écriture, et d'y comprendre, au contraire, le montant des ventes qu'on pourrait faire, soit au comptant, soit à terme, pendant le cours dudit inventaire, lequel devra être fait en une journée, s'il se peut.

Les marchandises doivent être inventoriées le plus exactement possible, par mesure, poids ou contenance, et calculées *au cours d'achat* du jour, si ce sont des objets de vente journalière, ou au *prix de revient*, si ce premier mode d'estimation ne pouvait leur convenir. En un mot, on relèvera ce que possède le négociant, en fait de marchandises, et on les estimera autant que possible au taux rigoureux auquel ces marchandises pourraient être achetées sur l'heure. Toute autre appréciation manquerait de l'exactitude sévère qui doit distinguer cette partie importante de la comptabilité commerciale, et si l'on peut établir à cet égard quelques exceptions, elles ne font que confirmer la règle, comme toujours.

L'inventaire des marchandises terminé, et son produit une fois connu, voici comment on procède. Ici nous reprenons les livres de M. Dubois, dont les marchandises en magasin sont reconnues avoir une valeur de 41,525 fr.

CLOTURE ET RÉOUVERTURE DES COMPTES.

Nous inscrivons sur une feuille volante :

Marchandises en magasin...........................: 41,525 »
Chiffre des affaires (1)............................ 29,618 »

Ces deux chiffres donnent........................ 71,143 »
Nous allons en soustraire le chiffre des marchandises qui étaient en magasin au 1er janvier, et des achats qui ont suivi, autrement dit le chiffre du débit du compte de *marchandises*. (Voir ce compte et la *balance des comptes*.)................ 60,345 85

Le résultat est le *bénéfice brut*................... 10,797 15
De ce bénéfice brut il s'agit de tirer maintenant le *bénéfice net*, dégagé de toutes dépenses ; en un mot, la somme dont le capital s'est augmenté.

Pour y parvenir, il faut arriver à connaître le chiffre total des dépenses, diminué des gains ou profits accidentels, et c'est le compte de *profits et*

(1) Nous avons expliqué, au compte de *Marchandises générales*, que le *chiffre des affaires* était celui du crédit de ce compte. (Voir la *balance des comptes* et le folio 9 du Grand-Livre.)

pertes qui nous donnera ce chiffre, mais seulement quand nous l'aurons chargé de toutes les dépenses qui ont jusqu'ici figuré à d'autres comptes. Chez M. Dubois, nous n'avons, en dehors des *profits et pertes*, qu'un compte de ce genre, c'est celui de *frais généraux*. Mais il arrive parfois qu'on ouvre un compte spécial aux *dépenses de maison*, aux *dépenses personnelles*, aux *rabais*, etc., afin de se rendre mieux compte de l'importance de chacun de ces articles, que nous avons confondus avec les *frais généraux*. Tous ces petits comptes, qu'ils soient ou non centralisés, offrent une balance, et cette balance est reportée au compte de profits et pertes par l'article suivant qu'on passe au journal.

S'il y a plusieurs comptes de dépenses, on écrit :

Profits et pertes à divers

à Dépenses de maison, p' solde de ce c^{te}.......... » »
» Dépenses personnelles, id. .... » »
» Rabais, id. .... » »
» Frais généraux, id. .... » »
» Etc., id. .... » »

Dans notre cas particulier (maison Dubois), nous écrivons :

Profits et pertes

à Frais généraux, p_r solde de ce compte.......... 2,836 fr.

Dès que cet article est passé du journal au grand-livre, le compte de *frais généraux* se trouve soldé et clos. Quant au compte de *profits et pertes*, sa situation n'est plus celle qu'il possédait lors de la balance des comptes : son débit s'est augmenté des 2,836 fr. ci-dessus, lesquels, joints au débit antérieur, forment 3,005 fr. 60 c. Si de cette somme on soustrait le crédit du même compte, 753 fr. 05 c., on a pour balance 2,252 fr. 55 c. chiffre réel des dépenses dont il faut grever le bénéfice brut pour obtenir le produit net. Nous portons donc sur notre feuille volante :

Bénéfice brut................................. 10,797 15
Balance du compte de profits et pertes............. 2,252 55

Bénéfice net. 8,544 60

Ce bénéfice brut et ce bénéfice net vont nous permettre de clore le compte de *profits et pertes*, par les deux articles suivants, passés au journal :

March. générales

à Prof. et pertes, le bénéfice brut de.................. 10,797 15

Profits et pertes

à Capital, le bénéfice net (1)..................... 8,544 60

(1) Nous devons prévoir le cas, malheureusement assez fréquent, où l'inventaire se solderait, non par un bénéfice, mais par une perte. Il est très-rare pourtant que les dépenses aillent au delà du chiffre du bénéfice brut ; cela indiquerait une fort mau-

Ces articles, reportés au grand-livre, soldent, ainsi qu'on peut s'en assurer, le compte de *profits et pertes*.

Il ne reste plus qu'à balancer tous les autres comptes, les clore et les ouvrir à nouveau. On suit à cet égard une foule de méthodes, dont la plupart ont le défaut d'être longues et peu claires : celle que nous avons donnée, folio 10 du journal, est la plus courte et la meilleure.

Elle consiste à passer au journal tout l'actif du négociant, tel qu'il résulte de la *balance des comptes* (à l'exception du compte de *marchandises*, dont le chiffre d'ouverture à nouveau est donné par l'inventaire), sous ce titre général :

     Les suivants, comptes nouveaux,
   à Eux-mêmes, comptes anciens.

Marchandises g^{les}, celles en magasin   (chiffre de l'inventaire).
Caisse,   espèces en caisse   (chiffre de la balance des comptes).
Effets à recevoir,   billets en portefeuille   (id.)
Immeubles,   »   (id.)
     Etc.,   »

Pour passer cet article, il suffit de se rappeler quels sont les comptes généraux qui entrent dans l'actif d'un négociant, et d'y ajouter les comptes débiteurs, comme nous l'avons fait au journal. Les chiffres de cet article sont, du reste, ceux qui figurent au *débit* de la balance des comptes (*profits et pertes, frais généraux* et *marchandises* exceptés).

Après avoir ainsi passé l'actif, on procède de même à l'égard du passif, mais en retournant ainsi la formule :

     Les suivants, comptes anciens,
   à Eux-mêmes, comptes nouveaux.

Effets à payer,   ceux en circulation   (chiffre de la balance des comptes).
Créditeurs divers,
Marie,   balance de s/ compte   (id).
     Et l'on ajoute :
Capital.   Celui du 1er janvier 1854....................
          Le bénéfice net des 5 mois (1).................

vaise gestion, une incapacité commerciale complète. Mais le négociant peut avoir eu à supporter des faillites, et par suite des réductions à tant pour 100 de ses créances sur ses acheteurs faillis. Comme dans ce cas la différence, ou perte, se porte au compte de *Profits et pertes*, il peut arriver que ce dernier, surchargé, dépasse le bénéfice brut et constitue une perte nette. En cette occurrence, au lieu de porter comme ci-dessus : *Profits et pertes à Capital*, on écrira :
     Capital
   à Profits et pertes, la perte nette de l'exercice.....................   »
Et le compte de Profits et pertes sera soldé.

(1) En cas de perte, au lieu d'additionner le capital et ce dernier article, on l'en soustraira en écrivant : « La perte nette » au lieu de : « Le bénéfice net, » et l'on portera en colonne le produit de la soustraction.

Les chiffres de ce second article sont ceux qui figurent au crédit de la balance des comptes (*Profits et pertes* excepté).

Pour plus d'intelligence de ce qui vient d'être dit, on se reportera au journal, où sont passés ces deux articles de réouverture des comptes. En y réfléchissant, on verra que c'est, sous une nouvelle forme, la répétition de ce qui a été fait en commençant les écritures : l'exposé de l'actif et du passif, le *bilan* du négociant. Seulement, passif et actif se sont modifiés sous l'empire des circonstances commerciales : il y a maintenant des créanciers et des débiteurs, des effets à recevoir, moins de marchandises, plus d'argent, plus de billets en circulation, etc., etc. Chaque inventaire qui succèdera présentera des changements analogues. Revenons au fº 10 du journal.

On a dû remarquer que les chiffres de renvoi au grand-livre étaient doubles cette fois. Cela s'explique par le titre même des articles : *Les suivants à Eux-mêmes* ; comme il s'agit de balances destinées à clore provisoirement les comptes pour les rouvrir ensuite, ces chiffres doivent être portés deux fois au grand-livre, et des deux côtés, une fois pour clôture, l'autre fois pour réouverture. Un coup d'œil sur les comptes du grand-livre suffit pour comprendre cette double opération et son utilité.

Nous n'avons plus que deux observations à faire :

1º Ces articles de clôture et réouverture des comptes portent une double date : celle de la clôture (31 mai), celle de la réouverture (1ᵉʳ juin).

2º L'addition du journal doit recommencer seulement à partir du dernier article. On laisse aussi de côté les sommes qui ont servi à clore le compte de *Profits et pertes*, si mieux on n'aime, pour plus de régularité, ou plutôt d'agrément et de coup d'œil, refaire la balance des comptes avec les modifications que ces articles y ont apportées. Cela est du reste parfaitement inutile : la balance des comptes est inventée pour l'acquit de conscience du comptable et aussi pour servir de base à son inventaire. On la joint, si l'on veut, aux pièces de l'inventaire.

DU REGISTRE D'INVENTAIRE.

La loi exige que les inventaires soient copiés, année par année, sur un registre à ce destiné. Beaucoup de négociants pensent que leur transcription sur le journal suffit au vœu de la loi ; mais il n'en coûte guère de satisfaire à la lettre. L'inventaire est d'autant plus authentique qu'on l'a donné avec plus de détails, et le journal n'en offre qu'un résumé, surtout en ce qui concerne le récolement des marchandises. Nous croyons donc que le registre des inventaires doit contenir la liste des marchandises en magasin, avec leurs calculs et leur total, ainsi que tous les renseignements propres à éclairer sur la situation commerciale du négociant. C'est un livre d'ailleurs fort utile quand on veut céder son fonds : il est un résumé des progrès ou de la décadence de l'industriel, et aucun commerçant loyal ne négligera cet exposé de la valeur de son industrie, le plus éloquent de tous ceux qu'il pourrait trouver.

Nous n'avons pas de modèle absolu à donner pour la tenue du registre d'inventaire. Nous allons seulement dire comment nous procédons pour celui de M. Dubois. Sur le registre se trouve déjà copiée la note qui a servi à l'ouverture de ses livres, et le détail des marchandises qu'il a achetées en bloc avec le fonds. C'est le premier inventaire : voici le second.

Inventaire du 31 mai 1854.

Chiffre des affaires....................................	29,618	»
Marchandises en magasin, dont détail en ce livre.......	41,525	»
	71,143	»
Achats et march. antérieures........................	60,345	85
Bénéfice brut.................	10,797	15
Dépenses.................	2,252	55
Bénéfice net.................	8,544	60

Actif.

March. en magasin...........................	41,525	»
Caisse..................................	13,390	45
Eff. à recevoir...........................	2,029	45
Immeubles...............................	48,000	»
Actions..............................	6,970	»
Mobilier..............................	10,140	»
Matériel..............................	5,828	»
Fonds.................................	14,000	»

Débiteurs divers.

Evrard...............................	2,977	»
Georges...............................	2,190	»
Thomas...............................	19	65
Vandamme...............................	4,532	85
Hilaire	144	75
	151,747	15

Report.........   151,747 15

Passif.

Effets à payer...   ....   25,308 65

Créditeurs divers.

Marie...........................   483 40
J. Prevost....... ....   97 25
Cottereau.........................   138 65
Daclin..........................   49 30
Barre......,..................... ..   140 20
Lapostolet.......................   84 10
Dubois......................... ..   151 »

                                   26,452 55   26,452 55

Différence ou capital..................   125,294 60
Le capital du 1er janvier était de.........   116,750 »

                     Bénéfice net.................   8,544 60

Certifié sincère et conforme à mes livres, le présent inventaire, arrêté le
31 mai 1854, soldant par un bénéfice net de huit mille cinq cent quarante-
quatre francs soixante centimes.

Paris, le 1er juin 1854.

                                        Signé : Dubois.

DES MODIFICATIONS DU COMPTE DE PROFITS ET PERTES.

C'est ici le lieu d'indiquer les modifications que certaines circonstances forcent d'apporter, avant la clôture de l'inventaire annuel, dans le compte de *Profits et pertes*.

Le premier cas qui se présente est celui de la faillite d'un débiteur. Tant qu'un arrangement à l'amiable ou une décision
judiciaire ne sont pas intervenus, le compte personnel du débiteur reste ce qu'il était; mais dès qu'il est légalement acquis,
par un concordat ou autrement, que la dette doit être réduite, la
somme dont elle est diminuée doit être passée par *Profits et
pertes* dans les termes suivants :

Profits et pertes à un tel (le failli).

Pr réduction de ma créance à tant pour 0/0, consentie le...   »

Il est encore d'autres modifications de ce compte qui ont lieu tout naturellement avant l'ouverture des inventaires. C'est la constatation, par les écritures, de toute fluctuation qui peut être survenue dans la valeur de certains objets figurant à l'actif ou au passif du négociant. Prenons M. Dubois pour exemple.

Ce négociant possédait, au 1er janvier 1854, dix actions du Nord qui lui avaient coûté, à 875 fr. chaque, 8,750 fr. Il en a vendu deux dans les cinq mois de son exercice, moyennant 1,780 fr., et nous n'avons reporté à son actif, lors de l'inventaire, que la différence entre ce premier et ce dernier chiffre. Supposons, cependant, que les actions du Nord aient beaucoup baissé aux environs du 31 mai, et que ce jour la cote officielle de la Bourse les ait portées seulement à 750 fr. chaque. Les huit qui restent aux mains de M. Dubois ne valent donc réellement, ce jour-là, que 6,000 fr. Or, elles figurent à l'inventaire pour 6,970 fr., et, dans ce cas, c'est à tort. Leur dépréciation doit être portée au journal dans les termes suivants :

Profits et pertes,

à Actions industrielles, la dépréciation de m/ 8 act. du Nord. 970 fr. Et l'équilibre se trouve rétabli : la situation de l'actif est conforme à la vérité.

Supposons maintenant que les propriétés immobilières aient, au contraire des actions, augmenté de valeur, et que si M. Dubois voulait vendre aujourd'hui sa maison, il en trouvât aisément 55,000 fr., bien qu'elle figure pour 48,000 seulement à l'inventaire. Dans ce cas, rectification devrait être faite en ces termes :

Immeubles,

à Profits et pertes, p$_r$ plus value de ma maison...... 7 000 fr.

Il en est de même de la valeur du fonds, bien qu'en général on se borne à la maintenir au prix d'achat. Les comptes de Mobilier, de Matériel, s'augmentent bien, il est vrai, de la valeur des objets qui viennent successivement s'y ajouter; mais il faut aussi, de temps à autre, tenir compte de leur dépréciation, ce que l'on fait dans la forme indiquée plus haut pour les actions industrielles.

Nous répétons que ces rectifications doivent être opérées avant la fermeture des opérations de l'année, et figurer dans l'addition générale du journal et la balance des comptes.

DES CONTREPASSEMENTS OU RECTIFICATIONS D'ERREURS.

On connaît déjà les exigences de la loi relativement à la tenue des écritures du journal, qui doivent être faites sans interlignes, et ne supporter ni *surcharges* ni *ratures*. Il est donc indispensable que nous indiquions un moyen de rectifier les erreurs dont le meilleur des comptables ne saurait s'exempter, et c'est ce qu'on nomme *contre-passer* des articles.

Le principe du contre-passement, c'est de simuler une opération opposée à celle qui a été enregistrée par erreur, de façon à annuler cette erreur, et, au besoin, de la réparer. Quelques exemples nous feront suffisamment comprendre.

Une distraction a fait porter au compte de Thomas une facture qui n'existait pas. On a donc écrit : Thomas à March. générales, et les deux comptes se sont trouvés indûment chargés ou déchargés d'une somme quelconque. Pour y remédier, on n'a qu'à retourner la formule, dès qu'on s'est aperçu de l'erreur, et passer au journal un article ainsi conçu :

<blockquote>

March générales,   à   Thomas,

Pour contre-passement de l'erreur du   .... » »
</blockquote>

Mais il peut arriver que la facture mise au compte de Thomas appartienne à Vandamme. Dans ce cas, le compte de Marchandises est en règle ; il est crédité avec raison. Mais comme Thomas ne doit pas payer pour Vandamme, il y a lieu à radiation du compte particulier qui ne doit rien, et à enregistrement au compte qui doit bien réellement. On y parvient aisément par la formule suivante :

<blockquote>

Vandamme   à   Thomas,

Pr rectif^{on} de l'article de tel jour, indûment porté au compte de ce dernier.. » »
</blockquote>

De cette façon, on n'a rien raturé au journal ni au grand-livre ; la facture portée au débit de Thomas se trouve acquittée par l'opération ci-dessus, et la somme s'en retrouve au débit de Vandamme, où elle devait être primitivement portée.

Nous n'avons pas besoin de dire que s'il s'agissait d'achats au lieu de ventes, comme aussi de payements ou de recettes, les formules ci-dessus n'ont tout simplement qu'à être retournées, en ne s'attachant qu'à une seule chose, c'est que le contre-passement des articles vienne réparer l'équilibre rompu des comptes. Rien n'est plus facile que de combiner, à l'aide du raisonnement, une *contre-partie* d'article erroné. Si c'est la caisse qui est débitée par erreur, au lieu d'être créditée, comme le compte qui lui correspond est également crédité au lieu d'être débité, un article passé en sens contraire rétablit les choses comme elles étaient, ce qui ne dispense pas, on le comprend, de porter ensuite à nouveau l'article comme il aurait dû l'être. Quelques praticiens conseillent en ce cas de doubler la somme de l'article, afin d'éviter de le passer deux fois : une fois pour annuler l'erreur, et une seconde pour rétablir l'article dans sa vérité. Nous croyons qu'il vaut mieux s'y reprendre à deux fois, pour éviter une nouvelle confusion. Ainsi, j'ai payé à Thomas 500 fr., et j'écris par erreur :

Caisse   à   Thomas...............   500   »

Je contre-passerai d'abord :

Thomas   à   Caisse...............   500   »

Puis je recommencerai :

Thomas   à   Caisse...............   500   »

     pour contre-pass^t de l'erreur du

J'aurais pu mettre :

Thomas   à   Caisse...............   1000   »

     mon payement du.... ....

Le résultat eût été le même ; mais il est plus clair et plus logique, nous le répétons, de faire l'opération en deux fois.

Les contre-passements n'ont qu'un inconvénient, c'est de surcharger l'addition des comptes généraux ou particuliers qui les reçoivent, et de faire apprécier faussement, s'ils se renouvellent, ou s'ils ont une certaine importance comme sommes, les résultats du chiffre des affaires faites en bloc dans l'année, ou avec tel ou tel, renseignements qu'on a besoin souvent d'obtenir très-exacts. On remédie à cet inconvénient en marquant d'un signe quelconque les chiffres des contre-passements, afin de pouvoir les soustraire, quand on veut, des additions générales qu'ils chargent indûment. Il suffit, par exemple, de mettre en regard, au lieu des lettres dont on se sert pour les soldes ordinaires, un rond, un carré, un chiffre, ou bien de les souligner.

Dans le cas où une erreur aurait eu lieu simplement dans le transport du journal au grand-livre, et n'existerait, par conséquent, que sur ce dernier, il est permis de la réparer par un grattage.

DE LA CORRESPONDANCE COMMERCIALE.

La correspondance commerciale ne saurait avoir de règle fixe : elle est variée comme les transactions auxquelles elle se rapporte. Néanmoins il est certaines traditions que nous devons faire connaître, non pas, il faut bien le dire, pour les conseiller, mais, au contraire, pour qu'on cherche à s'en défaire. Ainsi, les vieux us du commerce ont consacré des locutions grotesques qui grimacent la politesse obséquieuse, et il est rare que les lettres de ce genre ne contiennent pas en même temps une foule d'abréviations qui ne sont rien moins que polies, et qui tendent souvent à donner au négociant un air affairé quelque peu empreint d'exagération. Un commerçant doit écrire comme tout le monde, en aussi bon français que faire se peut, et il ne doit se distinguer que par la concision et la clarté. Tout dire en peu de mots, telle doit être son programme, et les politesses surannées peuvent être remplacées sans danger par la suppression des abréviations qui seraient de nature à nuire aux explications. Nous ne saurions aussi trop recommander l'exactitude et la célérité, ces deux pivots de toute correspondance commerciale.

Nous sommes d'autant plus courts dans ces explications que les teneurs de livre n'ont que très-rarement la charge des correspondances. Quant à la tenue du registre de copies de lettres, qui leur revient parfois, nous nous bornerons à recommander la copie *textuelle* des lettres, à cause de l'importance que peut avoir telle ou telle phrase qu'on croirait quelquefois pouvoir remplacer par une analyse. Le système actuel du copie de lettres par l'impression de la lettre elle-même, à l'aide d'une encre sympathique, est excellent, pourvu que l'on ait une bonne presse, et que la lecture de l'original ne souffre pas de l'opération, comme cela arrive quelquefois.

N'oublions pas de dire que chaque lettre reçue par le négociant doit recevoir, avant d'être mise en liasse, un numéro d'ordre bien apparent, et que ce numéro doit être reporté au *copie de lettres*, en regard ou en tête de la réponse. Si l'on a soin que chaque lettre copiée ou autographiée porte également le folio de la page qui contient l'avant-dernière lettre adressée au même correspondant, on pourra en quelques instants remonter sans peine à toute la correspondance primitive.

On peut encore dresser, à la fin du copie de lettres, une table alphabétique des correspondants, avec les folios des lettres adressées à chacun d'eux.

De la formule des effets de commerce.

Bien que nous n'ayons pas la prétention de faire ici un cours de droit commercial, il nous est cependant impossible de passer sous silence les différents moyens de crédit dont use le commerce, ou pour mieux dire les modes variés du payement à terme.

On sait que fort peu d'affaires, en achats surtout, se font au comptant. Ce qu'on nomme *au comptant*, sur les places de commerce, se résout presque toujours, vis à vis des négociants connus et notoirement solvables, en un délai de dix jours. Puis viennent les termes de vingt, trente, soixante, quatre-vingt-dix, cent vingt jours, suivant les conventions et suivant aussi la nature des marchandises et le genre de commerce. Dans les négoces où le fonds de roulement est considérable, et où le crédit qu'on accorde correspond à celui qu'on reçoit, on attend que l'échéance d'une facture soit arrivée pour en toucher le montant, et ce payement, bien qu'il ne soit pas obligatoire, s'effectue cependant avec autant de régularité et d'exactitude que s'il s'agissait d'une obligation légale. Quelques négociants, pour plus de sûreté, font *accepter* leur facture par leur acheteur, ce qui équivaut à règlement, c'est-à-dire qu'il ne peut plus s'élever de contestation sur la somme due. Voici ce que c'est que l'acceptation. Le vendeur présente un *duplicata* de sa facture à son acheteur, lequel, après l'avoir confronté avec ses livres, écrit au bas :

Accepté pour la somme de. . . . .   »
Valeur   (telle date).

Et il signe cette pièce, qu'on lui représente avec *acquit* au jour de l'échéance.

Ce mode n'entraîne pas le payement obligatoire au jour dit ; mais outre que s'il ne s'exécutait pas, le négociant acheteur souffrirait beaucoup dans son crédit, les poursuites que son refus pourrait-entraîner sont très-simplifiées par l'acceptation qu'il a mise au bas de la facture.

Souvent le négociant vendeur fait présenter au domicile de son client, le jour de l'échéance de la facture, un simple *reçu* dont voici la forme générale :

Reçu de M. . . . .
la somme de . . . .   ‘ ɔ
valeur en ma facture du. . . . .
(Signature et date.)

Ces deux formes de payement, ne rentrant pas dans la catégorie des effets de commerce, ne sont pas soumises à l'impôt du timbre, et nous devons dire que ce sont les plus usitées dans les affaires sérieuses et solides.

Le *mandat* ou la *traite* sont des diminutifs de la *lettre de change*; on les emploie généralement pour se faire payer à distance. Le vendeur qui *tire* une traite ou un mandat sur son acheteur pourrait, à la rigueur, *négocier* ces papiers de commerce, c'est-à-dire les passer à un tiers comme argent, moyennant une redevance proportionnée à la longueur de l'échéance; mais cette négociation est toujours difficile, attendu que le mandat ou la traite, comme la lettre de change, n'engagent le *tiré* (le débiteur) qu'autant qu'ils sont revêtus de son acceptation.

Néanmoins on en fait un grand usage de ville à ville, et voici la forme qu'on adopte généralement :

A ..... (telle date), *il vous plaira payer, par le présent mandat, à mon ordre* ..... (ou à l'ordre d'un tiers), *la somme de* ..... (en toutes lettres) *valeur en marchandises* (ou *pour solde de ma livraison du* .....) *que passerez en compte suivant avis de* (cette dernière phrase peut être supprimée ici sans inconvénient).

Votre tout dévoué,

(Signature et adresse du *tireur*).

A. M. ....

à ....

— (Nom et adresse du *tiré*) (1).

Nous répétons ici que cette forme de mandat et de traite, bien que très-usitée, n'assure nullement le payement de la somme stipulée, puisqu'elle n'est pas revêtue de la signature pour acceptation. Dans ce dernier cas, et moyennant quelques autres conditions dont nous parlons plus loin, ces mandats ou ces traites deviendraient de véritables *lettres de change*.

Nous avons à nous occuper maintenant du *billet à ordre*. En voici la forme ordinaire.

Paris, 20 avril 1854.   *B. P. 1000 fr.*

Au quinze juillet prochain, je payerai à M. Dubois, ou à son ordre, la somme de mille francs, valeur reçue en marchandises.

HILAIRE,
rue de Rivoli, 20.

Si le texte du billet n'est pas écrit de la main du souscripteur,

(1) Ces mandats sont généralement précédés d'un avis donné au négociant de se mettre en mesure. Cet avis est donné par une lettre spéciale; souvent même c'est la facture de vente qui le porte à peu près en ces termes:
« Pour nous couvrir du montant de cette facture, nous fournirons sur vous, à telle « époque, un mandat de telle somme, auquel nous vous prions de vouloir bien réser- « ver bon accueil. »

celui-ci doit faire précéder sa signature de ces mots : *Approuvé l'écriture ci-dessus*, ou de ceux-ci : *Bon pour mille francs*. Cette clause n'est pas obligatoire pour la signature des artisans, laboureurs, vignerons, gens de journée ou de service.

Le *billet à ordre* devient, par l'endossement, un véritable papier-monnaie, c'est-à-dire qu'il entre dans la circulation commerciale à peu près comme le billet de banque. La seule différence, c'est que ce dernier s'impose pour sa valeur nominale et ne peut être refusé, tandis qu'on n'accepte généralement en payement un billet à ordre que moyennant un rabais d'escompte, et qu'on est libre aussi de n'en pas vouloir du tout. De plus, chaque fois qu'un billet à ordre change de mains, il reçoit au dos la signature de celui qui le donne en payement, la date de cette signature, et l'énonciation de la valeur fournie : de là le terme d'*endossement*, et les endosseurs successifs d'un billet à ordre sont tenus solidairement de son payement si le souscripteur, à l'échéance, manque à ses engagements.

Il n'entre pas dans notre cadre d'exposer les mille incidents judiciaires qui peuvent surgir du non-payement d'un billet à ordre, non plus que les nombreux cas dans lesquels une lettre de change peut être nulle ou entraîner, au contraire, les plus graves conséquences pour le crédit et même la liberté du négociant. On a écrit sur ce sujet des volumes, et on plaide encore tous les jours des questions de ce genre ; ce que nous dirions donc serait évidemment insuffisant, et, par conséquent, plus nuisible qu'utile. Nous renvoyons le lecteur qui voudrait s'éclairer sur ces points délicats, aux articles 110 et suivants du code de Commerce, et à l'excellent petit livre de M. Delanoue (1) sur cette matière.

Disons seulement que la principale différence de la lettre de change au billet à ordre consiste en ce que la première ne peut être tirée que d'un lieu sur un autre : de Paris sur Lyon, par exemple. Nous avons dit qu'elle n'engage le *tiré* qu'autant qu'elle porte sa signature pour acceptation. Elle se négocie, comme le billet à ordre, par voie d'endossement.

Sa forme est celle du *mandat* que nous avons donné plus haut, sauf le remplacement du mot *mandat* par celui de *lettre de change*. Au lieu d'énoncer le jour du payement, elle indique à combien de jours ou d'*usances* (l'usance est de trente jours), de sa date ou de sa *vue* elle doit être acquittée.

En voici du reste un modèle :

(1) *Guide-Manuel de Législation et de Jurisprudence commerciales*, ou Traité des droits et des obligations des commerçants, commissionnaires, commis et ouvriers, etc 1 volume in-12. A Paris, Passard, libraire, 7, rue des Grands-Augustins — Prix : 1 fr., et 1 fr. 25 c. par la poste

Première (1). *Bordeaux* (2), *21 octobre 1854* (3).

(4) *Paris, 20 juillet.*   B. P. 2 000 *fr.*

A quatre-vingt-dix jours de date (5) *il vous plaira payer, par cette première* (6) *de change, à l'ordre de M. G. Claudon* (7), *la somme de deux mille francs, valeur reçue comptant* (8), *que passerez suivant l'avis de*

DUBOIS.

A M. Herfort, banquier à Bordeaux.

Accepté pour deux mille francs.

HERFORT.

De la lettre de voiture.

Nous n'avons qu'un mot à dire de la lettre de voiture, dont le caractère est parfaitement indiqué par les articles 103 et suivants du code de Commerce. C'est relativement à son enregistrement au journal. Cette lettre, quand elle parvient aux mains du teneur de livres, n'est plus un contrat passé entre le voiturier et l'expéditeur, elle est tout simplement l'acquit d'une somme payée pour transport de marchandises. A ce titre, elle doit être passée comme s'il s'agissait d'un achat au comptant :

> March. générales   à   Caisse

puisqu'en règle générale, toute dépense faite pour le transport des marchandises rentre dans leur prix de revient.

Inventaire pour dépôt de bilan.

Puisque nous venons d'effleurer diverses questions qui touchent de plus près à la jurisprudence commerciale qu'à la comptabilité, nous ne saurions nous dispenser de dire quelques mots de ce qui

(1) Une lettre de change peut être fournie en plusieurs exemplaires, afin de parer à une perte, ou de permettre la négociation de l'un pendant que l'autre est envoyé à l'acceptation. De là les mots de *première, seconde, troisième.*

(2) Lieu du payement.

(3) Date du payement.

(4) Domicile du *tireur.*

(5) Ou : *trois, cinq, dix jours de vue,* c'est-à-dire trois, cinq ou dix jours après l'acceptation.

(6) Ou : *par cette SEULE de change,* si l'exemplaire est unique.

(7) M. G. Claudon est créancier de M. Dubois, qui le paye par l'intermédiaire du banquier Herfort, le *tiré.*

(8) Ou : *en marchandises,* suivant la nature des affaires.

est à faire dans le cas néfaste d'une faillite. C'est dans cette triste situation surtout qu'un négociant doit s'applaudir de l'ordre et de la clarté de ses écritures. De là dépendent désormais son honneur et sa liberté. S'il n'a été que malheureux en affaires, si des événements imprévus, que ne pouvaient conjurer ni son activité ni sa capacité, sont la cause unique de son échec, une bonne comptabilité peut le sauver. L'opinion des juges consulaires lui sera certainement favorable, et ses créanciers eux-mêmes seront des premiers à lui tendre une main secourable, s'il leur est prouvé que le désordre n'est pour rien dans sa situation.

Aussitôt qu'un négociant est forcé de suspendre ses payements, qu'il ne voit aucun moyen d'y faire face dans un bref délai, ou que ses créanciers le font déclarer en faillite, il doit procéder à un inventaire des plus rigoureux, comme s'il s'agissait de l'entrée ou de la sortie d'un associé, du décès d'un co-intéressé, d'un mariage, etc., etc. Il doit tout faire pour que son actif ressorte à sa véritable valeur, et ne rien dissimuler sur le plus ou moins de solidité des créances qu'il a à faire rentrer. Le teneur de livres procède, lui, comme s'il s'agissait de l'inventaire annuel, et il enregistre le résultat sur le livre des inventaires, à la suite des précédents. Une copie de ce dernier inventaire, signé du négociant, et certifié conforme à ses livres, doit être remis, ainsi que toutes les pièces de comptabilité, au Tribunal de commerce. C'est le *dépôt du bilan*.

A partir de ce moment, et jusqu'à ce qu'il ait été statué sur sa position, le commerçant est pour ainsi dire en état d'interdiction. Ses biens de toute nature sont le gage de ses créanciers, et leur administration provisoire, ainsi que celle de son commerce, si l'on juge utile de le continuer et si cela est possible, est dévolue aux syndics.

Là s'arrête aussi ce que nous avions à dire relativement à cette douloureuse occurrence. Les articles 440, 443, 492, 494, 503, 507, 516, 542, 545, 549, 575, 576, 577 et 579 du code de Commerce, sont d'ailleurs à la portée de tout le monde. Puissent nos lecteurs n'avoir jamais besoin de les lire que par curiosité !

APPLICATION DES THÉORIES GÉNÉRALES DE LA COMPTABILITÉ

AUX DIVERSES INDUSTRIES.

Nous allons indiquer dans ce chapitre les modifications que doit subir la tenue des livres, selon qu'elle s'applique à l'une ou à l'autre des catégories commerçantes ou industrielles **qui sont** légalement obligées de passer écriture de leurs opérations.

Voici d'abord quelques renseignements préliminaires.

Le compte de *Marchandises générales* ne prend ce titre que dans les maisons dont le commerce s'exerce sur des objets variés et divers. Un marchand de vins et d'eau-de-vie, par exemple, peut vouloir se rendre compte de l'importance de ses affaires relativement à ces deux espèces de marchandises : dans ce cas, au lieu d'ouvrir un seul compte à *March. générales*, il en ouvrira deux, le compte de *vins* et celui d'*eaux-de-vie*. Un autre négociant pourra faire la même chose pour les *savons*, les *huiles*, les *sucres*, etc. Mais il faut, dans ce cas, que les factures d'achats ou de ventes, ne comprennent jamais qu'une seule nature des denrées qui ont leur compte ouvert au grand-livre; autrement ou ferait confusion. Quand vient l'inventaire, chacun des comptes ouverts se balance, comme aurait fait le compte de marchandises, par un produit brut, que le compte de profits et pertes reçoit en plusieurs articles au lieu de le recevoir en un seul. La formule est alors celle-ci :

         Divers   à   Profits et pertes,

Vins,   le bénéf. brut de ce compte.
Eaux-de-vie,   id.
Savons,   id.
    Etc.

Un négociant qui opère sur une seule nature de marchandises ou produits donnera au compte qui les représente le nom de ce produit. Ainsi, un imprimeur intitulera ce compte : *impressions*; un entrepreneur de bâtiments ouvrira un compte à *travaux divers*, etc., etc.

Entrepreneurs et manufacturiers. — Pour le manufacturier et l'entrepreneur, la comptabilité exige souvent l'ouverture de certains comptes, tels que *matières premières* et *main-d'œuvre* ou *salaires*. Ces comptes ne sont, au reste, comme ceux dont nous venons de parler pour les vins, les savons, les huiles, etc., que des subdivisions du compte qu'en théorie nous appelons *Marchandises générales*. Seulement, au lieu d'être soldés par le compte de *Profits et pertes*, ils rentrent, à l'inventaire, dans le compte de *travaux* ou de *marchandises*, selon qu'il s'agit d'un entrepreneur ou d'un fabricant. Quelques exemples sont peut-être nécessaires pour plus d'intelligence.

Un manufacturier achète à terme les matières qu'il va faire ouvrer. Il écrit au journal :

> Matières premières   à   un tel (le vendeur).

Il paye chaque semaine le salaire de ses ouvriers. Il écrit :

> Salaire (ou main-d'œuvre)   à   Caisse.

S'il ne paye pas de suite ses ouvriers, il leur ouvre un compte par la formule suivante :

> Main-d'œuvre   à   un tel (l'ouvrier).

Il intitule ses ventes, s'il est fabricant :

> Un tel (l'acheteur)   à   March. génér. (ou à tel produit).

S'il est entrepreneur :

> Un tel (le client)   à   Travaux divers.

Et quand vient l'inventaire, les comptes de *salaires* ou *main-d'œuvre*, ainsi que celui de *matières premières*, se soldent ainsi :

> March. générales (ou Travaux)   à   divers.
> à Salaires.   le solde de ce compte........... »
> » Matières premières,   id.   .... »

On procède ensuite vis-à-vis du compte de marchandises générales, comme nous l'avons enseigné dans l'inventaire de M. Dubois.

Le compte de matières premières peut également se subdiviser et s'ouvrir à Bois, à Pierre, à Fer, à Papier, etc., etc., pour être soldés à l'inventaire par le compte de *marchandises* ou de *travaux*, qui les résume. Ces modifications s'exécutent suivant les différentes exigences des industries, et relativement au besoin qu'on a de renseignements exacts sur telle ou telle de ses parties.

Pour terminer ce qui est relatif à l'entrepreneur et au manufacturier, nous dirons quelques mots du *livre des ouvriers* ou *des salaires*. La forme de ce livre varie suivant la nature et l'importance des choses qui doivent y être consignées; mais il doit toujours, comme les comptes du Grand-Livre, être divisé en deux parties : l'une contenant la désignation exacte de la besogne donnée à l'ouvrier (s'il est aux *pièces* et qu'il travaille chez lui), l'autre enregistrant à leur date précise les à-compte donnés ou les soldes définitifs. Dans une industrie importante, ce livre des ouvriers doit être basé sur un *brouillard*, où se trouvent consignée à tour de rôle, et avec tous les renseignements nécessaires, la nature des matières premières données à ouvrer, leur condition, poids, mesure ou contenance, et le prix dont on est convenu our la façon. Dans bon nombre d'industries, et cet usage est des meilleurs, les renseignements sont en outre portés sur un livret spécial que possède l'ouvrier.

Voici une des nombreuses formes que peut prendre ce brouillard du livre des ouvriers.

On divise chaque page du brouillard en onze colonnes : les trois premières sont consacrées aux dates des enregistrements de travaux donnés (année, mois, quantième); la quatrième au nom de l'ouvrier et à l'indication de son domicile s'il y a lieu ; la cinquième au folio du compte ouvert à l'ouvrier au *livre spécial*. La sixième contient les quantités, nature, etc., de l'objet donné à faire ; la septième, le prix convenu pour chaque unité; la huitième, le total. La neuvième colonne recevra la date de la rentrée de l'objet fabriqué; la dixième, en indiquera le payement, sa date, avec mention des rabais ou augmentation, s'il y en a. La onzième colonne sera réservée aux observations.

On reporte au livre spécial, à la page indiquée par la cinquième colonne du brouillard ci-dessus, ce qu'il est intéressant d'y reporter : à savoir la date de la sortie de l'objet, sa désignation sommaire et le prix total. Ce livre étant absolument tenu comme le Grand-Livre, le *recto* sera consacré aux payements faits à l'ouvrier. Exemple :

F° 45. **Lamouroux** (François), rue Bleue, 10.

1854	juillet	12	Une paire bottes.	18	»	1854 juillet 18	Espèces	18	»

Les payements enregistrés au *verso* sont relevés, à leurs dates, de la dixième colonne du brouillard.

Nous ne voulons pas multiplier ces renseignements à l'infini : l'intelligence de tout employé d'administration n'a pas besoin d'être mise en doute à ce propos. Nous terminerons pourtant par un exemple du *livre d'ouvriers* approprié à des travaux à la journée.

On peut diviser ce livre en treize colonnes, ainsi employées : 1, nom de l'ouvrier; — 2, 3, 4, 5, 6, 7, 8, les jours de la semaine : lundi, mardi, etc.; — 9, nombre de journées faites par l'ouvrier dans la semaine, indication tirée des chiffres contenus dans les sept colonnes précédentes (1); — 10, le prix de la journée; —

(1) Un 1 pour une journée; 1/2, 1/3, 1/4 pour les fractions et les heures en sus; un guillemet (») pour les journées de chômage.

11, résultat total; — 12, à-comptes donnés et solde définitif; — 13, colonne d'observation ou de signature pour acquit de l'ouvrier.

Il nous reste à dire comment les chiffres de ce livre, qui n'est qu'un livre auxiliaire, rentrent dans la comptabilité. Chaque semaine, ou chaque mois, on additionnera au brouillard, dont nous avons parlé plus haut, les payements mentionnés dans la dixième colonne, et on en passera ainsi le total :

Marchandises g^{les} (ou Salaires)   à   Caisse,
les sommes payées pour Façons du   au   ..... » »

Quant aux matières premières, comme elles ne sont sorties que pour rentrer presque immédiatement, et que leur augmentation de valeur par le travail vient d'être enregistrée par l'écriture ci-dessus, il est inutile d'en faire mention dans la comptabilité.

Boutiquiers. Magasins de vente au comptant. — Nous réservons pour le chapitre de la tenue de livres en partie simple les renseignements utiles aux écritures du petit commerçant. Nous allons nous occuper de celui dont les affaires sont assez importantes pour exiger la partie double.

Nous avons dit quelques mots, au commencement de cet ouvrage, sur le *livre de magasin*, qui constate, d'un côté, l'entrée des marchandises à leur date, de l'autre, la date de leur sortie, et, autant que faire se peut, leur destination. Ce mode de livre ne peut convenir qu'au commerce d'un objet unique, ou de quelques objets qui ne se détaillent pas, tels que les vins, les sucres, les savons, etc., vendus à la tonne, au sac, à la caisse, etc. Mais pour les objets qui se détaillent, ce livre, quand on peut l'établir et qu'il est utile de le faire, est beaucoup plus compliqué. Rien n'est plus curieux, par exemple, que les comptes ouverts à chaque commis dans les grands magasins de vente au comptant, pour les nouveautés, les vêtements, etc. Chacun d'eux reçoit en compte et est responsable d'une certaine quantité d'objets dont il a à surveiller l'entrée et la sortie, et à chaque inventaire, soit de semaine, soit de mois, il doit représenter soit les quantités restées invendues, soit les sommes représentant ce qui a été écoulé. Les plus ingénieux contrôles ont été établis pour garantir les négociants contre la négligence ou l'improbité de leurs auxiliaires. Mais ce n'est pas là de la comptabilité proprement dite, c'est de l'administration, et comme en cette matière il n'y a pas de règles fixes, nour couperons court à cette digression. Le teneur de livres, en inscrivant la recette de chaque jour sous la rubrique : Caisse à Marchandises générales, ramène à l'unité toutes ces opérations multiples de la journée, dont le contrôle ne lui appartient pas, et qui sont indépendantes de son affaire spéciale.

Commissionnaires, dépositaires, représentants, consignataires, voyageurs, etc. — Il est si difficile d'établir des règles positives pour les opérations variées que présente le commerce dans les conditions ci-dessus indiquées, que nous devons nous borner à quelques observations générales. Les livres des agents commerciaux de toute espèce, ou ceux du négociant qui les emploie, ne doivent être établis qu'après un très-minutieux examen des conventions réciproques des parties. Il est même bon de les indiquer en tête du Journal, lorsqu'on en fait l'ouverture, et d'y conformer rigoureusement l'établissement de tous ses comptes. Le principe ne change pas : le dépositaire d'une marchandise, à quelque titre et sous quelque nom que ce soit, doit créditer son mandant de tout ce que ce dernier lui envoie, et le débiter de tout ce qu'il lui retourne : espèces, effets de commerce, marchandises avariées, etc., etc. De son côté, le mandant ouvre à son dépositaire un compte en tout semblable à celui qu'il ouvrirait à un acheteur. Les conséquences seules ne sont pas les mêmes, dans le cas surtout où le mandataire, n'étant rémunéré que par un simple droit de commission, ne garantit pas personnellement la solvabilité des acheteurs qu'il a procurés.

Sociétés. — Pour la vente des marchandises en société, c'est-à-dire de compte à demi, à tiers, etc., mêmes observations que ci-dessus. Il faut seulement que la comptabilité de ces articles soit rigoureusement isolée de celle des autres objets que pourrait vendre le négociant pour son compte particulier, puisqu'il faut arriver, lors de l'inventaire, à établir clairement le bénéfice net des opérations faites en société, afin de le répartir dans les proportions convenues.

Les sociétés civiles en participation, en commandite, etc., exigent de leur comptable une connaissance toute spéciale de la législation qui le régit, afin que les comptes de fin d'année, sur lesquels s'établissent les dividendes, les bénéfices, etc., ne donnent lieu à aucune réclamation. Mais nous répéterons encore une fois que les préceptes de la tenue des livres ne se modifient pas, quelles que soient ses applications. Ainsi en commandite, indépendamment des comptes afférents à l'objet principal, industriel ou commercial, il est ouvert un compte à chaque actionnaire, considéré comme prêteur. Ce compte est crédité : d'abord des versements successifs, puis des intérêts et des dividendes de chaque exercice, et débité du payement de ces intérêts et dividendes. L'actionnaire reste créancier, du moins en apparence, pour le montant de ses actions, jusqu'au jour de la liquidation, et ce jour-là il est débité, soit du remboursement intégral ou partiel qui lui est fait, soit de la perte partielle ou totale des fonds par lui mis dans l'entreprise.

Nous ne nous permettrons pas de traiter ici les difficiles questions de banque, de courtage, de change, en un mot, ce qui constitue ce qu'on nomme la finance et le haut commerce. Notre modeste programme ne comporte pas ces questions, qui seraient fort mal élucidées dans un cadre aussi exigu, et pour l'étude desquelles il a été publié d'ailleurs un grand nombre de livres spéciaux. Nous avons préféré consacrer à des choses plus humbles, mais qui intéressent le grand nombre, le peu de pages que nous avions à notre disposition.

TENUE DES LIVRES

EN PARTIE SIMPLE

———

C'est avec regret, nous devons l'avouer, que pour nous conformer à l'usage, nous nous sommes résolus à consacrer un chapitre à ce qu'on est convenu d'appeler « la partie simple. » Cette méthode de comptabilité manque de toutes les garanties de contrôle si ingénieusement accumulées dans la partie double, et n'offre d'ailleurs que difficilement au négociant les renseignements précieux que lui donne celle-ci sur l'ensemble de ses affaires. On va voir, du reste, que cette prétendue *simplification* n'est guère qu'une excuse de la paresse, et que la paresse ellemême n'y gagne pas grand'chose.

Les barbarismes que nous avons signalés dans la partie double, et qui, seuls, rendent difficiles les études préliminaires, ne disparaissent pas de la partie simple. Le *doit* et l'*avoir* y figurent, avec leur signification qui paraît si souvent à contre-sens. Seulement un compte seul figure à chaque opération, ainsi qu'on va le voir.

Il faut qu'on se reporte d'abord à nos premières pages sur la division des opérations du commerce : partie simple ou double, l s'agit toujours d'enregistrer des achats, des ventes, des recettes et des payements.

Tout ce que nous avons dit relativement aux livres auxiliaires qui constatent ces opérations est applicable ici.

Un *brouillard* est indispensable et tient lieu de la plupart des livres auxiliaires, si, comme nous l'avons dit à propos de la partie double, le commerce offre peu d'opérations, quelle que soit du reste leur importance.

Sinon, il faut comme précédemment :

Une copie de factures de vente ;

Un livre de magasin, ou une copie de factures d'achats ;

Un livre de caisse, en une ou deux parties, comme nous l'avons enseigné ;

Un carnet d'échéances indiquant les effets à recevoir et les billets à payer, ou un carnet pour chacune de ces sortes d'effets ;

Un copie de lettres ;

Et, enfin, le Journal, le Grand-Livre et le Registre des inventaires. On n'a donc rien simplifié jusqu'ici.

Mais voici où commence la différence, c'est quand il s'agit de passer les articles au Journal.

Soit un achat : la partie double le passe en écrivant :

      Marchandises générales   à   Nicolas.

La partie simple dit :

      Avoir   Nicolas.

Pr un achat à lui fait de 100 p. sucre................. 945 fr.

S'agit-il d'une vente : la partie double retourne les termes et dit :

      Hilaire   à   March. générales.

La partie simple dit :

      Doit   Hilaire.

Pr vente à lui faite de 10 p. sucre................... 102 fr.

Ces mots *doit* et *avoir*, précédant le nom du vendeur ou de l'acheteur, de celui qui paye, ou de celui qui recoit, constituent à eux seuls toute la clef de la partie simple.

Hilaire paye la vente ci-dessus. Écrivez :

      Avoir Hilaire.

Le payement de m/facture de tel jour.

Argent......................... 50 fr.

Un billet à m/o au.............. 50 »

Rabais......................... 2 »   102 fr.

Vous payez Nicolas. Écrivez :

      Doit Nicolas.

Le solde de s/fre du 10 janvier.

Espèces....................... 400 »

M/bt à s/o au.................. 545 »   945 »

Ouvrez maintenant au Grand-Livre un compte à Nicolas et un à Hilaire, et les opérations ci-dessus y figureront de la manière suivante :

Doit						**NICOLAS**				**Avoir**
1185	janvier	20	Espèces.	2	400 »	1851	janvier	10	100 p. sucre.	8	945 »
			m/billet à s/o		545 »						

<table>
<tr><td>Doit</td><td colspan="3" align="center">HILAIRE</td><td align="right">Avoir</td></tr>
</table>

1854	janvier	15	10 p. sucre.	1	102	»	1854	février	2	Espèces.	2	50	»
										s/bt à m/o.	»	50	»
										Rabais.	»	2	»

Il est facile de voir que le Grand-Livre de la partie double n'offre d'autre différence que le changement de termes pour indiquer l'opération. Seulement les comptes généraux, et avec eux les moyens de contrôle et la statistique des opérations, se trouvent supprimés : bien des erreurs commises ne seront réparées que sur la réclamation de la partie lésée, et c'est assez dire que toutes celles qui se produiront au détriment du négociant seront généralement passées sous silence.

On voit aussi que les ventes et les achats au comptant ne figurent pas dans le Grand-Livre de la partie simple, qui n'ouvre aucun compte au négociant lui-même, et ne contient en réalité que les comptes de ses débiteurs et de ses créanciers.

Aussi les renseignements de l'inventaire s'en ressentent-ils.

Nonobstant, nous allons essayer, pour les personnes qu'effrayeraient les obscurités apparentes de la partie double, d'exposer comment un commerçant pourrait tenir encore une comptabilité assez exacte. Sans aborder le *doit*, l'*avoir*, les *marchandises générales* et autres épouvantails de la tenue des livres, si nous réussissons, ce sera véritablement alors une simplification que nous aurons réalisée.

Je suis marchand : j'achète et je vends. Mon intérêt, comme la loi, me font une obligation de noter par écrit les crédits que j'accorde à mes chalands, de même que ceux qu'on me fait, et de ne pas oublier de *rayer* les gens qui m'ont payé, ainsi que ceux de mes créanciers dont j'ai acquitté les comptes.

Pour tenir ces notes en règle, que faire?

Il faut que je me procure : 1° un livre spécial pour les ventes à crédit; 2° un petit pour les achats à terme; 3° un livre de recettes et de payements. Puis 4° un Livre-Journal, que la loi exige; 5° un Grand-Livre où seront établis les comptes des créanciers et des débiteurs; 6° le petit répertoire alphabétique qui l'accompagne toujours. N'oublions pas 7° un carnet d'échéances.

Tous ces livres se trouvent chez les papetiers des grandes villes, si je ne veux pas les établir moi-même. J'aurai certainement une économie à les acheter tout réglés par les moyens mécaniques, car si je les veux régler moi-même, j'en aurai pour occuper tous mes loisirs. Seulement je dois donner au papetier les modèles de la réglure conformément aux usages de chaque livre, et ainsi que je vais l'expliquer.

1. Mon livre spécial pour les ventes que je fais à crédit est réglé comme mes factures, sauf une colonne de plus à droite. Chaque fois que je livre de la marchandise, avec facture non acquittée, sur-le-champ je copie cette facture sur mon livre, en ayant soin de bien indiquer la date, et le terme du payement, si l'on est convenu d'un terme. La colonne de droite me sert à faire ressortir le montant de chaque facture, pour pouvoir les additionner ensuite.

2. Sur mon petit livre d'achats, je me borne à enregistrer la date et le chiffre total de chacune des factures qui me sont données par mes vendeurs, avec l'indication de leurs noms, bien entendu, et en relatant le numéro d'ordre que j'ai donné à leurs factures, lorsque je les ai mises en liasse ou dans un carton spécial pour les retrouver.

3. Dans le livre des recettes et de payements, qu'on peut nommer aussi *Livre de caisse*, j'inscris sur la page de gauche, à mesure que mes débiteurs me payent, la date de ce payement, sa nature (c'est-à-dire si c'est à-compte ou si c'est un solde, et, dans ce dernier cas, j'indique la date de la facture que je viens d'acquitter), son chiffre total, et l'indication bien précise des choses données en payement (argent ou billets à ordre), des rabais consentis, et des marchandises ou emballages rendus.

J'ai soin de ne faire ressortir dans la colonne de droite, pour être additionnées, que les sommes ou payements en argent. (Voir pour plus de détails le modèle du *Livre de recettes* de la partie double.)

Dans cette page de gauche, j'inscris encore tout ce qui entre dans ma caisse comme argent de recette, à quelque titre que ce soit. Chaque soir j'y note le produit de ma vente de la journée, c'est-à-dire la somme trouvée dans mon tiroir, et j'y enregistrerais toute somme trouvée, gagnée au jeu ou qui m'aurait été donnée.

Venons à la page de droite.

C'est là que j'enregistre tous les payements que je fais, et en général tout ce qui sort de ma bourse ou de mon portefeuille à quelque titre que ce soit. (Le modèle de *Livre des payements* pour la partie double doit être exactement suivi pour la partie simple.) On ne doit ressortir pour être additionnés que les payements effectués en argent.

Quand tous ces renseignements clairs et précis sont enregistrés sur les trois livres dits *auxiliaires* que je viens de décrire, je prends, pour obéir à la loi, mon *Livre-Journal*. J'y inscris jour par jour, dans l'ordre et avec les termes suivants, mes quatre espèces d'opérations commerciales.

Pour les achats :

——————————— Du 4 janvier 1854. ———————————

ACHETÉ

| 4 | de Rolland, suivant facture.............. | 140 | » |
| 6 | de Dubois, id. .... | 27 | » |

Pour les ventes, d'abord la date, comme ci-dessus, puis :

VENDU

| 10 | à Duhamel, suivant ma facture.......... | 39 | 50 |
| 24 | à Leherpeur, id. .... | 111 | » |

Pour les payements, j'écris :

PAYÉ

4	à Rolland. Sa facture du 4 janvier........	140	»
6	à Dubois. A compte	15	
	Pour les contributions.............	40	»

Enfin, quand il s'agit de passer les recettes, j'inscris au journal :

REÇU

10	de Duhamel. P^r solde............. ...	39	50
24	de Leherpeur. A valoir, espèces .. 50 »		
	Un billet. 50 »	100	»
	Pour encaissement d'un effet............	50	»

Les prépositions *à* et *de* remplacent ici les mots *doit* et *avoir*, dont nous avons dit plus haut qu'on se servait en partie simple comme en partie double, et les termes : *acheté, vendu, payé, reçu* n'admettent pas d'équivoque et seront compris de tout le monde.

Arrivons de suite à l'explication des chiffres qui se trouvent à gauche des noms des créanciers ou des débiteurs, soit en dedans, soit en dehors de la colonne. Ces chiffres sont ceux du folio du Grand-Livre où les comptes de chacun sont reportés. Ainsi le chiffre 4, en face du nom de Rolland, signifie que la page 4 du Grand-Livre est consacrée à l'enregistrement successif des achats que je fais chez ce négociant, des payements que j'effectue en ses mains pour solde desdits achats. Je les place en dedans ou en dehors de la colonne, c'est-à-dire à droite ou à gauche, suivant que l'opération qui est relatée devra figurer dans la colonne de gauche ou dans celle de droite du compte ouvert au Grand-Livre. Pour le placement exact de ce chiffre de renvoi, la préposition me sert de guide. Quand c'est *de* (acheté *de* : reçu *de* :), je mets le chiffre dans la colonne, parce que c'est la partie droite du compte qui doit recevoir le relevé de l'opération. Quand c'est *à* (vendu *à* : payé *à* :), je pose le chiffre en dehors, ce qui m'indique que c'est dans la partie gauche du compte au Grand-Livre que je devrai faire le report. Exemple : Voici le compte de Duhamel, acheteur.

Doit   **DUHAMEL, à Paris.**   **Avoir**

1854	janvier	4	Ma facture.	39	50	1854	février	2	pr solde	39	50

Si l'on veut absolument se servir des mots sacramentels *doit* et *avoir*, on n'a qu'à se souvenir que *doit* correspond à la préposition *à*, et avoir à *de*, comme le prouvent ces mots invariablement placés dans le Grand-Livre au-dessus des divisions de droite et de gauche de chaque compte.

On trouve dans les exemples ci-dessus des opérations précédées du mot *pour*, et elles ne sont accompagnées d'aucun chiffre de renvoi au Grand-Livre. Ce sont les payements ou recettes qui ne concernant pas les acheteurs ou les vendeurs, n'ont pas besoin d'y être reportés, et que cependant la loi oblige de consigner sur le Journal, tels qu'achats et ventes au comptant, frais généraux et dépenses de maisons, achats de matériel, meubles, immeubles, etc., etc., et en général toute entrée ou sortie de fonds ou de valeurs pour quelque cause que ce soit.

Nous venons d'indiquer par un exemple ce que c'est que le Grand-Livre dans la partie simple. Sauf qu'on n'y enregistre pas tout, ni dans les mêmes termes, sa tenue est absolument semblable à celle du Grand-Livre, dont nous avons donné le modèle (pages 66 et suivantes). Les chiffres de renvoi au Journal et les lettres qui correspondent aux *soldes* ne doivent pas plus être négligés ici que là. Nous y renvoyons donc notre lecteur, ainsi qu'aux explications fort simples sur l'emploi du *répertoire*.

Il ne nous reste plus à parler que de l'inventaire, beaucoup moins difficile à faire dans la partie simple; mais qui, par cette raison, n'offre aucune garantie contre les erreurs possibles. On fait le récolement des marchandises, en magasin, et on en note le montant. On y ajoute le chiffre des sommes en caisse, le montant des billets à recevoir, puis le relevé, fait à l'aide du Grand-Livre, de ce que redoivent tous les acheteurs; enfin, l'estimation des valeurs de toute nature que possède le négociant, en meubles, immeubles, actions, etc., etc. Le total forme l'*actif*.

On relève du carnet d'échéances, où l'on a inscrit à tour de rôle ses billets à payer, ceux de ces billets dont l'échéance n'est pas encore arrivée; puis on fait au Grand-Livre la *balance* des comptes des créanciers, c'est-à-dire le chiffre de ce qu'on doit à chacun. Ces deux relevés, additionnés, composent le *passif*.

On soustrait l'*actif* du *passif*, et l'on a le *capital*, propriété nette du négociant.

La seconde année, on procède comme nous venons de le dire; mais en comparant le *capital* de cette seconde année avec celui de la première, on obtient, par la soustraction, le chiffre du bénéfice net ou de la perte nette de cette seconde année, avec cette différence que dans la partie double le négociant trouve et donne la *preuve* de ce chiffre si important.

Nous ne voulons pas entrer plus avant dans les détails de la partie simple, parce que ce serait répéter fort inutilement ce que nous avons déjà assez longuement exposé ailleurs. Il est bon d'ailleurs que l'on sache quelles sont les conditions d'une sérieuse comptabilité, et nous pouvons affirmer qu'une bonne étude de la partie double est nécessaire à qui veut tenir convenablement des livres en partie simple, puisque le mécanisme est le même.

Nous terminerons ce petit livre par une énonciation des avantages légaux attachés à la tenue exacte des livres de commerce, et des conséquences graves de leur absence ou de leur mauvaise tenue.

Les livres de commerce régulièrement tenus peuvent être admis par le juge pour faire preuve entre commerçants pour faits de commerce; mais à défaut d'exécution d'une des exigences de la loi, ils ne peuvent être représentés et faire foi en justice au profit de ceux qui les ont tenus.

La loi se réserve même de punir en pareil cas le commerçant, ainsi qu'il est réglé au livre des faillites et banqueroutes.

Le commerçant ne peut être requis de faire la communication de ses livres et inventaires que dans les affaires et opérations de justice concernant la communauté, la liquidation de société, la faillite (Code de commerce, art. 8, 9, 10, 11, 12, 13, 14).

Les registres des marchands ne font point foi contre les personnes non marchandes, à moins que l'aveu obtenu au moyen du serment, ou devant le tribunal, ne confirme la vérité du contenu de ces registres.

Les registres des marchands font, au contraire, foi contre eux, quand on y trouve l'énonciation d'un payement reçu quoique dénié.

PETIT VOCABULAIRE

DE LA COMPTABILITÉ COMMERCIALE

La tenue des livres, comme toute science, art ou métier, a sa langue à part, et nous avons réuni ici, avec leur signification, les mots qu'elle emploie hors du langage usuel.

ACCEPTATION. — Mention écrite qu'on payera une facture au jour indiqué, ou une lettre de change à la date de son échéance.

ACQUIT. — Signature précédée des mots : *pour acquit*, donnant quittance d'une somme due.

ACTIF. — Ce qu'un négociant possède ou détient, sans tenir compte de ce qu'il peut devoir en échange. Synonyme de *Dettes actives*, par opposition aux *Dettes passives*. Il ne faut pas confondre l'*actif* avec le *capital*. Ce dernier est l'excédant de l'actif sur le passif.

ARRÊTÉ DE COMPTE. — Opération extraite des livres, qui constate ce qu'un débiteur vous doit, ou ce que vous devez à un créancier.

ARTICLE. — Exposé d'une opération quelconque de commerce. On *passe écriture* de tous les articles, c'est-à-dire de toutes les opérations.

AUXILIAIRES (LIVRES). — Registres divers relatant séparément les opérations de même nature : achats, ventes, recettes, payements. Les livres auxiliaires sont le développement du *Brouillard* ou *Main courante*, et ne sont pas exigés par la loi.

AVAL. — Souscription pour garantie d'une lettre de change.

AVOIR. — Ce que nous recevons de nos acheteurs ou vendeurs, soit en argent ou effets, soit en marchandises. C'est ainsi que la colonne de droite de chaque compte, au Grand-Livre, porte en tête le mot *Avoir*, et contient tout ce que le négociant a reçu, en marchandises de ses vendeurs, en payement de ses acheteurs.

BALANCE. — Opération qui consiste à rechercher, dans un compte, quel est le côté qui l'emporte et le constitue *dette* ou *créance*. La somme nécessaire pour égaliser les deux côtés du compte forme la *balance*. La *balance de sortie* est une opération provisoire que l'on fait à l'inventaire pour solder les comptes, et la *balance d'entrée*, autre opération fictive, sert à les ouvrir de nouveau. La *balance générale des comptes* est un relevé complet servant à donner la preuve que rien n'a été omis dans les écritures.

BÉNÉFICE BRUT. — Résultat de la balance de l'entrée et de la sortie des marchandises.

BÉNÉFICE NET. — Résultat de la soustraction, du bénéfice brut, de toutes les sommes déboursées en frais généraux, dépenses de maison, d'entretien, etc.

BILAN. — Inventaire général. *Déposer son bilan*, c'est faire une déclaration de faillite en déposant au tribunal de commerce un dernier inventaire constatant l'impossibilité de faire face à ses affaires.

BORDEREAUX. — Notes de diverses natures, indiquant, soit la nature des sommes données en payement, soit les effets à recevoir qu'on présente à l'escompte chez un banquier.

BROUILLARD OU MAIN COURANTE. — Registre qui reçoit les premières écritures des opérations commerciales, quand elles ne sont pas assez nombreuses pour être consignées et divisées, suivant leur nature, dans les livres dits *auxiliaires*.

CAISSE. — Coffre-fort du négociant, représenté par un compte au Grand-Livre, qui doit indiquer constamment, par sa balance, les sommes qui y sont déposées.

CAPITAL. — Chiffre représentatif de la fortune du négociant. La première mise de fonds, et ce que possède en outre le commerçant à son début, forment le capital, qui s'augmente ou se diminue, à chaque inventaire, du bénéfice net ou de la perte nette de chaque exercice.

CARNETS D'ÉCHÉANCES. — Petits livres auxiliaires où sont classées, par ordre de dates, les échéances de diverses natures : factures à payer ou à toucher, effets à payer ou à recevoir.

CÉDANT. — Le dernier endosseur d'un billet à ordre, au moment où il le donne en payement.

CHIFFRE DES AFFAIRES. — Somme totale des ventes de chaque exercice (année).

CLOTURE D'UN COMPTE. — Addition et balance des deux côtés de ce compte, après qu'il a été soldé. On clôt tous les comptes, mais *provisoirement*, à chaque inventaire ; puis on les *rouvre à nouveau*. La clôture définitive d'un compte se nomme aussi *apurement*.

COMPTANT. — Opération de commerce soldée sur-le-champ. *Achat au comptant. Vente au comptant.*

COMPTES. — Résumé des opérations classées au Grand-Livre sous le nom de chacun de ceux qui en sont l'objet.

COMPTES GÉNÉRAUX. — Qui représentent, au Grand-Livre, la personne même du négociant, tels que ses Marchandises générales, sa Caisse, ses Frais généraux, ses Effets à payer, à recevoir, etc., etc.

COMPTES PERSONNELS. — Ouverts à toutes les personnes en relation d'affaires avec le négociant. On nomme comptes *créditeurs* ceux des créanciers ou vendeurs à qui l'on doit, et comptes *débiteurs* ceux des acheteurs, ou qui doivent.

COMPTE COURANT. — Copie d'un compte tel qu'il est établi au Grand-Livre, ou compte portant intérêts réciproques.

CRÉDIT. — Synonyme d'*Avoir*. (Voyez ce mot.)

CRÉDITER. — Passer écriture d'une opération dont le chiffre doit être porté à l'*Avoir* ou à la colonne droite d'un compte quelconque du Grand-Livre.

DÉBITER. — Opération inverse de la précédente, qui s'enregistre au *débit*, ou colonne gauche, du même Grand-Livre.

DÉBIT. — (Voyez *Doit*.)

CONTREPASSEMENT. — Rectification d'une erreur d'écritures par un nouvel article qu'on *contrepasse*.

DETTES ACTIVES. — (Voyez *Actif*.)

DETTES PASSIVES. — (Voyez *Passif*.)

DOIT. — Opposé du mot *Avoir*. Il figure en tête de chaque colonne de gauche des comptes du Grand-Livre, où est enregistré ce que nous livrons à nos acheteurs, ou ce que nous donnons à nos vendeurs.

ENCAISSER. — Toucher le montant d'un billet, le solde d'une facture, etc.

ENCAISSE. — Somme existant en caisse.

ENDOS. — Signature mise au dos d'un billet à ordre par les différentes personnes entre les mains desquelles il passe après être sorti des mains du *souscripteur*. Ces personnes prennent de là le nom d'*endosseurs*.

ESCOMPTE. — Intérêt qu'on nous prend, ou que nous prenons, pour recevoir ou payer comptant une facture, un billet dont l'échéance est plus ou moins éloignée.

FACTURE. — Note des objets vendus ou achetés, avec leur désignation, leur mesure, leur prix et le total général. Le *bulletin de livraison* est une facture non calculée.

FRAIS GÉNÉRAUX. — On nomme ainsi toutes les dépenses commerciales ou personnelles du négociant, qui n'ont pas pour résultat d'augmenter la valeur des marchandises.

GRAND-LIVRE. — Qui contient la classification des comptes généraux et personnels.

INVENTAIRE. — Récolement (ordinairement annuel) des valeurs de toute nature que possède ou détient le négociant, ainsi que des sommes qui lui sont dues, et défalcation de ce qu'il doit. La différence forme son *capital*. L'inventaire annuel est d'obligation légale.

JOURNAL. — Seul livre exigé par la loi, relatant jour par jour, sans surcharge ni rature, toutes les opérations du négociant.

MAIN COURANTE. — (Voyez *Brouillard*.)

NÉGOCIER. —Faire argent, moyennant escompte, de valeurs commerciales : billets à ordres, traites, mandats, etc.

OUVRIR UN COMPTE. — Consacrer une page du Grand-Livre à un nouvel acheteur ou vendeur.

PASSER ÉCRITURES. — Reporter du brouillard ou des livres auxiliaires au journal, en les traduisant dans la langue commerciale, les divers articles qui s'y trouvent.

PASSIF. —Ce que doit le négociant. Opposé d'*actif*.

POINTER. — Noter d'un point ou d'une croix tout article qu'on passe d'un livre à un autre, afin de constater qu'il est bien reporté. Un *pointage* est une répétition générale de cette opération, ayant pour but de retrouver la trace d'une erreur commise.

PORTER. — Synonyme de *passer écritures*.

PROTÊT.— Constatation par ministère d'huissier du non-payement d'un billet, d'une traite, etc.

RABAIS. —Diminution accordée ou obtenue sur le total d'un payement ou d'une recette.

RECTO. — La page droite, ou belle page d'un registre.

REMISES. —Payement en effets à recevoir ou en billets à payer. Ce mot est aussi synonyme de *rabais*.

RETRAITE. — Nouvelle traite lancée après un premier refus de payement de la part du *tiré*.

RÉPERTOIRE. — Table alphabétique des comptes du Grand-Livre.

SOLDER. —Payer complétement, achever un payement. *Pour solde de tout compte*. « Votre compte se *solde* par 125 francs, » signifie : « Vous me redevez 125 francs.

SOUSCRIPTEUR. — Celui qui *crée* un billet à ordre au profit d'un créancier.

TIREUR. — Celui qui fait *traite* sur un débiteur. Ce dernier se nomme le *tiré*.

USANCE. — Trente jours : *une usance, deux usances*. Ce terme tombe en désuétude.

VALEUR. — Signifie : *à l'échéance du*..... Les factures de ventes à terme portent souvent au bas : *valeur* telle époque, indication du jour où on se présentera pour en toucher le montant.

VERSO.— La page gauche d'un livre, cahier ou registre.

VISA. — Signe de convention indiquant que la pièce qui le reçoit a été *vue* et vérifiée. Les lettres de change, les factures à terme reçoivent des *visa* signés qui équivalent à une acceptation.

FIN.

TABLE ANALYTIQUE

DES MATIÈRES

FIN DE LA TABLE.

PARIS — IMPRIMERIE DE DUBUISSON ET Cᵒ, RUE COQ-HÉRON, 5.

PASSARD

LIBRAIRE-ÉDITEUR, RUE DES GRANDS-AUGUSTINS, 7

A PARIS

Envoyer le montant en timbres-poste avec la demande

ÉTUDES ANTÉDILUVIENNES

PARIS
AVANT LES HOMMES

L'HOMME FOSSILE, ETC.

HISTOIRE NATURELLE DU GLOBE TERRESTRE

ILLUSTRÉE D'APRÈS LES DESSINS DE L'AUTEUR

M. BOITARD

OUVRAGE POSTHUME PUBLIÉ PAR SA FAMILLE

SUIVI D'UNE

NOMENCLATURE DES TROIS RÈGNES DE LA NATURE

ANTÉDILUVIENNE

PAR P. CH. JOUBERT

Ancien élève du Muséum d'histoire naturelle
de Paris, membre correspondant de l'Académie impériale
de Saint-Pétersbourg, etc.

UN BEAU VOLUME GRAND IN-8°. — PRIX : 8 FRANCS

Divisé en 53 Livraisons à 15 cent.

IL EN PARAÎT UNE OU DEUX PAR SEMAINE

L'ouvrage est terminé et peut être livré complet.

CURIOSITÉS
D'HISTOIRE NATURELLE

ET

ASTRONOMIE AMUSANTE

RÉALITÉS FANTASTIQUES

VOYAGE DANS LES PLANÈTES, ETC.

ILLUSTRÉES

de 30 gravures sur bois

DESSINÉES ET GRAVÉES EN PARTIE PAR L'AUTEUR

M. BOITARD

Auteur de : *Paris avant les Hommes, le Jardin des Plantes*, etc.

Un beau volume grand in-8° raisin d'environ 400 pages d'impression divisé en 53 livraisons à 15 centimes.
Il en paraît une ou deux par semaine.
Les quinze cents premiers souscripteurs recevront *gratuitement*, avec la 30° livraison, un exemplaire de l'ouvrage intitulé .

LE PANLATINISME

CONFÉDÉRATION GALLO-LATINE ET CELTO-GAULOISE

ou

PROJET D'UNION FÉDÉRATIVE DES PEUPLES

Gallo-latins : « les Français, Belges, Italiens,
Espagnols et Portugais ; »
Gréco-latins : « les Grecs libres ; » anglo-gallo-latins : « les Anglais ; »
Celto-gaulois de race pure :
« Les Irlandais, Écossais, Gallois, Cornwallais, etc. »

Un volume dont il sera fait un tirage spécial dans le format in-8° ordinaire.

PETITE ENCYCLOPÉDIE RÉCRÉATIVE IN-32

A 1 FR. 50 C. LE VOLUME D'ENVIRON 500 PAGES

(franc de port)

Un million de pensées sur les femmes et le mariage, publié par *Eugène Le Gai*.. 1 vol.

Un million d'anecdotes suisses, recueillies par le baron *de Glananville*.. 1 vol.

Bibliothèque drolatique, Rêveries d'un Étameur, Petites Affiches du *Tintamarre*, Code civil dévoilé, Procès Pictompin, Classiques retapés, etc., par *Commerson*.. 1 vol.

Paris à vol de canard. Impressions de voyage, par *Eugène Furpille* et *Max Gérard*.. 1 vol.

Un million de plaisanteries, calembours, etc................. 1 vol.

Un million de bêtises et de traits d'esprit.................... 1 vol.

Un million d'énigmes, charades et logogriphes............... 1 vol.

Un million de calembours, bons mots, etc.................... 1 vol.

Bibliothèque de voyages amusants, Chapelle et Bachaumont ; De Paris à Saint-Cloud par mer et retour par terre ; de Piron à Beaune, etc. 1 vol.

Encyclopédie des proverbes français, par *H. Le Gai*......... 1 vol.

La Fleur des proverbes français, par *M. Duplessis*........... 1 vol.

Histoires drolatiques de l'empereur Napoléon Ier, racontées par MM. de Balzac, Alcide Tousez et Frédéric Soulié ; suivies de : COMME QUOI NAPOLÉON N'A JAMAIS EXISTÉ, etc.......................... 1 vol.

A million of comic Anecdotes (en anglais).................... 1 vol.

Le Presbytère, Élisa et Widmer, par *Töppfer*.............. 2 vol.

Contes des fées, de Perrault, Mme d'Aulnoy, etc............ 1 vol.

Lettres de Mme de Sévigné, nouveau choix................. 1 vol.

Bibliothèque épistolaire. Choix des plus belles lettres de Ninon, Mmes de Maintenon, de Caylus, de La Fayette, etc................... 1 vol.

Fables de La Fontaine, précédées de l'éloge de La Fontaine, par Chamfort, couronné par l'Académie de Marseille................. 1 vol.

Fables complètes de Florian et choix de 70 fabulistes français, Arnault, Aubert, Lamotte, etc., complément de La Fontaine........ 1 vol.

Manuel du devin et du sorcier, traité des songes, art de dire la bonne aventure, art de tirer les cartes, les tarots, etc.............. 1 vol.

Le livre de Thot, ou Jeu des tarots égyptiens, atlas et complément du *Manuel du devin*, 78 cartes renfermées dans un étui, figures noires : 3 fr., comptant comme... 2 vol.

Le même, figures coloriées : 4 fr. 50 c., comptant comme..... 3 vol.

Paul et Virginie, la Chaumière indienne, etc.................. 1 vol.

Encyclopédie bouffonne. Pensées d'un Emballeur, Éphémérides et Dictionnaire comiques, etc., par *Commerson*.................... 1 vol.

Un million de bouffonneries, par le même..................... 1 vol.

Physiologie du goût, par Brillat-Savarin.................... 1 vol.

Petit théâtre bouffon, *le Sourd ou l'Auberge pleine, M. Jovial, Ma femme et mon parapluie, la vie de Napoléon, la Sœur de Jocrisse*, etc. 1 vol.

Le Siége de la Rochelle, par *M*^{me} *de Genlis*.................. 1 vol.

Bibliothèque des calembours, illustrée de 139 vignettes. 6 brochures en.. 1 vol.

Bibliothèque des jeux de cartes, contenant des traités très-développés des jeux de piquet, whist, boston, etc. 6 brochures en....... 1 vol.

BIBLIOTHÈQUE DES CALEMBOURS

A 25 C. LE VOLUME IN-32

Fleur des Calembours.....	1 vol.	Galerie de Calembours.....	1 vol.
Trésor des Calembours....	1 vol.	Mille et un Calembours....	1 vol.
Jardin des Calembours....	1 vol.	Musée des Calembours.....	1 vol.

BIBLIOTHÈQUE DES JEUX DE CARTES

A 25 C. LE VOLUME IN-32

Piquet.................	1 vol.	Bezigue, écarté, reversi...	1 vol.
Whist.................	1 vol.	Bouillottes diverses.......	1 vol.
Bostons divers..........	1 vol.	Impériale, triomphe, etc..	1 vol.

Traité illustré du jeu de billard, par *L. Cosson*. 1 vol........ 25 c.

La clef illustrée des songes, 1 volume grand in-32 de 128 pages. 40 c.

LE BARON DE LA POINTE ET EUGÈNE LE GAI

Docteurs en soupe salée

Dictionnaire des calembours et des jeux de mots, lazzis, coq-à-l'âne, quolibets, quiproquos, amphigouris, etc., etc. 1 volume grand in-18.. 1 fr. 50

CYPRIEN ROBERT

Les Slaves de Turquie, Serbes, Monténégrins, Bosniaques, Albanais, etc. Édition de 1844, précédée d'une introduction nouvelle sur la situation de ces peuples pendant et depuis leurs insurrections de 1849 à 1851. 2 vol. in-8º.............................. 10 fr.

Nota. Il est utile de remarquer qu'un certain nombre d'exemplaires de cet ouvrage ne contient pas cette nouvelle Introduction complémentaire.

Le Monde slave (russe, polonais, bohème et illyrien). Son passé, son état présent et son avenir. 2 vol. in-8.................. 10 fr.

La Pologne. Annales contemporaines, politiques, religieuses et littéraires des peuples de l'Europe orientale. Publication de la Société slave de Paris. Collection complète des 84 numéros qui ont paru du 1er juin 1848 au 1er janvier 1851. 1 vol. in-4º, broché............... 5 fr.

Nota. Ce journal contient sur tout l'Orient européen, la Russie, la Pologne, la Turquie, les Principautés danubiennes, la Hongrie et l'Autriche, des renseignements du plus haut intérêt et presque totalement inconnus en Occident.

— 5 —

ANONYME

Les Slaves d'Autriche et les Magyars. Études ethnographiques, politiques et littéraires sur les Polonais, Ruthènes, Tchèques ou Bohèmes, Moraves, Slovaques, Sloventzis ou Wendes méridionaux, Croates, Slavons, Dalmates, Serbes, etc., et les Hongrois proprement dits ou Magyars. 1 vol. in-8º.. 3 fr.

PROSPER VALLERANGE

Le Panlatinisme, Confédération gallo-latine et celto-gauloise. Alliance fédérative de la France, la Belgique, l'Angleterre, l'Espagne, le Portugal, l'Italie et la Grèce. Union du Midi de l'Europe contre le Nord. Nouvelle édition; augmentée du testament de Pierre le Grand, accompagné de pièces justificatives. 1 beau vol. grand in-8º avec carte.. 7 fr.

Testament de Pierre le Grand. Édition accompagnée de nombreuses pièces justificatives. Brochure in-8º. .... 1 fr.

OUVRAGES FORMAT CHARPENTIER

M. BOITARD

Manuel-physiologie de la bonne compagnie, du bon ton et de la politesse. 1 volume. Nouvelle édition illustrée................. 3 fr. 50

MARC DEFFAUX

Manuel des propriétaires et des usufruitiers, usagers, locataires et fermiers, encyclopédie des lois des bâtiments et des lois rurales de la France, etc. 1 fort volume de 712 pages...................... 6 fr.

Guide-manuel général du garde champêtre et du messier (Gardien des moissons), ou Traité raisonné de leurs fonctions. 1 vol.... 3 fr.
Ouvrage honoré de la souscription de S. Exc. M. le ministre de l'intérieur.

LOUIS DESNOYERS

Aventures de Robert-Robert et de son fidèle compagnon Toussaint Lavenette. 2 vol.. 4 fr.

Mésaventures de Jean-Paul Choppart. 1 vol. 4 vignette......... 2 fr.

BIBLIOTHÈQUE COMMERCIALE

Guide-manuel de la tenue des livres de commerce, ou Traité de comptabilité pratique, par *H. Leneveux,* professeur à l'Association philotechnique de Paris. 1 vol................................. 1 fr. 50

Manuel de législation et de jurisprudence commerciales. Traité raisonné des droits et obligations des commerçants, commissionnaires, commis, etc., par *Délanoue.* 1 vol.................................... 1 fr.

CHARONVILLE et DUPRÉ

Manuel-Barême du capitaliste, ou Comptes faits de l'escompte à tous les taux, pour toutes les sommes et pour tous les jours de l'année. 1 vol. in-12.. 1 fr.

E.-J. PION-HUYARD

Barême du travail à l'heure, ou Comptes faits des sommes à payer ou à recevoir depuis une heure jusqu'à 360 heures, et depuis 15 centimes jusqu'à 80 centimes l'heure. Brochure in-12.................. 75 c.

J.-A. DE R. et DUNCAN FORBÈS

Nouveau Manuel illustré du jeu des échecs, lois et principes, classification des débuts, parties modèles, fins de parties, etc. Ouvrage précédé d'une introduction historique d'après le professeur Duncan Forbes. 1 vol. grand in-12.. 2 fr.

G. GRÉGOIRE

Guide-manuel illustré du jeu de dames, règles, principes et instructions pour le bien jouer. 1 vol. grand in-12...................... 2 fr.

Traité complet de la roulette. 1 vol. grand in-8°.............. 6 fr.

Traité du trente-quarante. 1 vol. grand in-8°.................. 12 fr.

Échiquier du trente-quarante, indispensable à tout spéculateur. 1 feuille in-plano. Prix.. 5 fr.

Le même, collé sur toile et ployé.......................... 7 fr.

LALLEMENT ET GRÉGOIRE

Traité complet illustré du jeu de dames, par Lallement; nouvelle édition revue, corrigée et augmentée par Grégoire. Un beau volume in-12 de plus de 300 pages.. 4 fr.

BUTRET, THOUIN, BOITARD, etc.

Manuel illustré de la culture, de la taille et de la greffe des arbres fruitiers, par Butret, Thouin, etc.; édition illustrée, par *M. Boitard* 1 vol. in-18.. 1 fr.

ALEXANDRE DAVID

Le petit Lavater français, ou l'Art de connaître les hommes par la physionomie ; édition illustrée de 15 portraits gravés sur bois. 1 vol. in-18.. 1 fr.

Le petit docteur Gall, ou l'Art de connaître les hommes par la phrénologie, d'après les systèmes de Gall et de Spurzheim. 1 vol. in-18, illustré de nombreuses gravures sur bois.................. 1 fr.

Les deux volumes ci-dessus, *réunis* en un seul.............. 2 fr.

J. TRISMÉGISTE

L'Art de tirer les cartes françaises, suivi de l'explication du livre de Thot, ou Jeu de la princesse Tarot (les 78 tarots égyptiens). 1 vol. in-18, illustré d'un grand nombre de vignettes.............. 1 fr.

Pour l'Atlas, voir à la page 3 le Livre de Thot.

Les Merveilles du magnétisme, suivies des Aphorismes de Mesmer, seule édition complète, collationnée sur deux manuscrits d'un élève de Mesmer. 1 vol. papier vélin...................... 1 fr.

HYPPOLITE PERVILLÉ

La Politesse des Auvergnats mise à la portée des gens du monde, salade assaisonnée, par *H. Pervillé*. 1 vol. in-18............ 1 fr. 25

VOLUMES IN-18 A 75 C., FRANC DE PORT

Académie des Jeux. Manuel des jeux de cartes, de combinaisons et d'exercices, par *Hilaire Le Gai*.................... 1 vol.

Jardin de l'enfance, compliments et modèles de lettres pour les enfants........................ 1 vol.

L'Art d'expliquer les songes et les visions nocturnes, par *J. Trismégiste*, édition illustrée de 115 vignettes.................... 1 vol.

Prophéties perpétuelles de Thomas Moult et de Pythagoras, suivies de Proverbes sur l'agriculture, la santé, etc.................. 1 vol.

Prophéties de Nostradamus, suivies de Prophéties diverses, la révolution française prédite dans un livre imprimé en 1490 à Louvain, et en 1515 à Venise, édition J. Trismégiste.................... 1 vol.

Manuel du Jardinier, par *Ragonot-Godefroy*, édition illustrée... 1 vol.

Manuel de la culture des plantes de serre chaude et de serre tempérée les plus remarquables par leurs fleurs, leurs feuilles ou leurs fruits........................ 1 vol.

Les deux volumes ci-dessus se vendent *réunis*............ 1 fr. 50 c.

Paul et Virginie et la Chaumière indienne, 15 vignettes........ 1 vol.

Les Quatre fils Aymon, par *Huon de Villeneuve*.............. 1 vol.

Contes des fées, par *Perrault*, et la Lampe merveilleuse....... 1 vol.

Proverbes et sentences des Orientaux, Chinois, Indiens, Persans, etc., par *M. P. des Ormes*, aide de camp de Kléber en Égypte..... 1 vol.

Aventures drolatiques du baron de Münchhausen, surnommé le baron de Crac, gasconnades allemandes........................ 1 vol.

OUVRAGES DIVERS

L'ABBÉ POUSSIN

Membre de l'Académie impériale de Reims.

Monographie de l'abbaye et de l'église de Saint-Remi de Reims, ouvrage illustré de huit dessins sur bois tirés hors du texte. 1 vol. in-8°.................... 5 fr.

TOUCHARD-LAFOSSE

Souvenirs de Léonard, coiffeur de la reine Marie-Antoinette. 4 vol. in-8°.................... 20 fr.

BIBLIOTHÈQUE DES CONNAISSANCES UTILES

70 à 80 volumes in-18 à 75 c., franc de port.

Manuel du bon ton et de la politesse française, nouveau guide pour se conduire dans le monde, par *Louis Vérardi*................ 1 vol.

Guide-Manuel pour le choix d'un état industriel, renseignements précis sur les chômages, les inconvénients pour la santé, les chances d'établissement, etc., dans toutes les professions manuelles qui s'exercent en France, par *Henri Leneveux*........................... 1 vol.

Art d'étudier avec fruit, guide de celui qui veut s'instruire et bien employer son temps et sa mémoire, par *Ajasson de Grandsagne, J.-A. Jullien* et *V. Parisot*............................. 1 vol.

Philosophie des sciences, ou notions générales sur la physique, la chimie, la physiologie, l'idéologie, la botanique, la zoologie, la minéralogie, etc., leur influence dans les arts et sur la société, par *A. de Grandsagne* et *P*............................. 1 vol.

Manuel du secrétaire français, modèles de lettres, pétitions, formules d'actes, etc., par *Louis Delanoue*........................ 1 vol.

Éléments de géométrie, par *Pyrolle*, avec 400 fig. dans le texte. 2 vol.

Algèbre et logarithmes avec les tables des logarithmes des nombres jusqu'à 10,000 et celle des sinus, tangentes, par *A. Rispal*.... 1 vol.

Introduction à la physique et à la mécanique, par *A. de Grandsagne*, ornée de 54 figures............................. 1 vol.

Manuel élémentaire de la chaleur, d'après MM. Grouvelle, Péclet, Tredgold, etc., par *Henri Lafontaine*. — Applications, texte et atlas............................. 2 vol.

Manuel élémentaire de la chaleur, par le même, partie théorique. 1 vol.

Manuel de la lumière, imité en partie de l'anglais, par *Ajasson de Grandsagne*, avec 85 figures dans le texte................ 1 vol.

Traité de géographie physique, accompagné des cartes du système osseux, aqueux et volcanique du globe, du bassin de la Seine et du climat des heures, par *Eugène de Bretigny* et *C. Pr.*, orné de 3 gravures sur acier............................. 1 vol.

Cours élémentaire de botanique générale, par *Joseph Schiller*, d'après M. A. Richard, membre de l'Institut, avec 64 figures...... 2 vol.

Ossements et Coquilles fossiles; OSSEMENTS, par *M. J.-J. Huot*; COQUILLES, d'après *M. Deshayes*, avec 151 figures............. 2 vol.

Traité élémentaire de chimie inorganique, par *Jules Rossignon*, avec de nombreuses figures dans le texte....................... 4 vol.

Traité élémentaire de chimie agricole, par *le même*.......... 1 vol.

Manuel élémentaire de la mécanique des solides indiquant les principales applications de cette science, par *Ajasson de Grandsagne*.... 1 vol.

Guide-Manuel des propriétaires et fermiers de biens ruraux et des domestiques, gens de travail, journaliers, etc., par *Louis Delanoue*.. 1 vol.

Guide-Manuel des propriétaires et locataires de bâtiments et des entrepreneurs, constructeurs et maçons, par *le même*............. 1 vol.

Paris.—Imprimerie de Dubuisson et Cᵒ, rue Coq-Héron, 5

Passard, libraire-éditeur, rue des Grands-Augustins, 7.

TRAITÉ COMPLET ILLUSTRÉ

DU

JEU DE DAMES

PAR LALLEMANT

Nouvelle Édition, revue, corrigée et augmentée

PAR G. GRÉGOIRE

Auteur des Traités de la Roulette et du Trente-Quarante

CONDITIONS DE LA SOUSCRIPTION

L'ouvrage formera un beau volume grand in-12, qui sera divisé en 24 livraisons, à raison de 15 centimes chaque.

Il en paraîtra une ou deux par semaine.

Dès que l'ouvrage sera terminé, le prix en sera augmenté.

En publication à la même Librairie :

NOUVEAU MANUEL ILLUSTRÉ

DU

JEU DES ÉCHECS

PAR J.-A. DE R.

PRÉCÉDÉ D'UNE INTRODUCTION HISTORIQUE

D'APRÈS

LE PROFESSEUR DUNCAN FORBES

Un vol. grand in-12, divisé en 12 ou 14 livraisons à 15 centimes. Il en paraît une ou deux par semaine.

GUIDE-MANUEL ILLUSTRÉ

DE

LA BONNE COMPAGNIE

DU BON TON ET DE LA POLITESSE

Par M. BOITARD

Un beau volume, format Charpentier, orné de huit jolies gravures sur bois, tirées hors du texte, et divisé en 23 livraisons à 15 centimes.

Paris, Imp. de DUBUISSON et Ce, 5, r. Coq-Héron. (4032)